佘硚　陈晓东 ◎ 著

高质量发展

读懂新时代的中国经济

全国百佳图书出版单位

时代出版传媒股份有限公司

安徽人民出版社

高质量发展是全面建设社会主义现代化国家的首要任务。发展是党执政兴国的第一要务。没有坚实的物质技术基础，就不可能全面建成社会主义现代化强国。必须完整、准确、全面贯彻新发展理念，坚持社会主义市场经济改革方向，坚持高水平对外开放，加快构建以国内大循环为主体、国内国际双循环相互促进的新发展格局。

　　——摘自《高举中国特色社会主义伟大旗帜为全面建设社会主义现代化国家而团结奋斗——在中国共产党第二十次全国代表大会上的报告》

图书在版编目（CIP）数据

高质量发展 : 读懂新时代的中国经济 / 金碚 , 陈晓东著 .
-- 合肥 : 安徽人民出版社 , 2023.1
　　ISBN 978-7-212-11554-8

Ⅰ . ①高… Ⅱ . ①金… ②陈… Ⅲ . ①中国经济－经
济发展－研究 Ⅳ . ① F124

中国版本图书馆 CIP 数据核字 (2022) 第 239144 号

高质量发展：

读懂新时代的中国经济

金　碚　陈晓东 著

出 版 人：杨迎会　　　　　　　　　　　　　选题策划：何军民
责任编辑：黄牧远　汪　峰　　　　　　　　　责任印制：董　亮
装帧设计：观止堂 _ 未 氓　陈　爽

出版发行：安徽人民出版社 http://www.ahpeople.com

地　　址：合肥市政务文化新区翡翠路 1118 号出版传媒广场八楼　　邮编：230071

电　　话：0551-63533258　0551-63533259（传真）

印　　刷：安徽新华印刷股份有限公司

开本：710mm×1010mm　1/16　　　印张：12　　　字数：140 千
版次：2023 年 10 月第 1 版　　　　2023 年 10 月第 1 次印刷

ISBN 978-7-212-11554-8　　　　　　　　　　　定价：38.00 元

前　　言

习近平总书记在中国共产党第二十次全国代表大会上表示，将以中国式现代化全面推进中华民族伟大复兴，并明确高质量发展是全面建设社会主义现代化国家的首要任务。理解新时代中国经济，实质上就是理解高质量发展对于中国式现代化的决定性作用，就是认识中国式现代化经济基础的性质和演变态势，而认识中国式现代化能够深化我们对新时代高质量发展的认知。可以说，两者都是我们理解新时代中国经济的认知逻辑基点。

尽管作为一个重要概念表述，邓小平在20世纪90年代就提出了"中国式现代化"，强调"中国式现代化，必须从中国的特点出发"，但作为范式意义的根本性转变，对中国式现代化的新认知却是由党的二十大所正式确认的。在此基础上，中共二十大明确提出将以中国式现代化全面推进中华民族伟大复兴。这是中国共产党百年探索的认知升华，也是对中国现代化进程的重大理论表达。

中国百年近现代史就是中华民族追求现代化的风雨历程。从1912年辛亥革命爆发，到1921年中国共产党诞生，中国人民逐渐认识到，实现中国现代化必须走社会主义道路。1949年，中国共产党带领全国人民开启了摆脱贫穷落后、振兴中华的现代化事业。从新中国成立至今，中国的现代化认知经历了三个阶段。

第一个阶段是"信仰式"现代化认知，即基于对社会发展形态演变规律进行深入研究的马克思主义信仰，并借鉴苏联计划经济模式，将中国现代化进程看作社会主义社会战胜和代替资本主义社会的宏大历史叙事。这样的现代化认知表现了对理想社会主义社会的憧憬和对传统社会主义模式的信奉，实现了从"现代化就是西方化"向"社会主义可以加快实现现代化"的认知范式转变，进而推论出了计划经济的可行性。

第二个阶段是"追赶式"现代化认知，即承认国民经济的落后和计划经济体制的缺陷，并认可西方国家的现代化成就，决心通过经济体制转型，走发展市场经济的世界共同道路，加速赶上西方发达国家的经济发展水平。也就是将中国当时的现代化归结为一种赶超过程，以实事求是的精神一心一意发展经济，尽快实现国强民富。这样的现代化认知基于"实践是检验真理的唯一标准"所确立的现实主义思维原则，是一个伟大的历史进步。

第三个阶段则是"中国式"现代化认知，即在将前两个阶段认知与奋斗实践充分结合的基础上，特别是在经济发展取得的重大成就和成功经验的支持下，自信地认识到，中国实现现代化必须走具有中国特色的道路，以创造人类文明新形态的气魄，实现高水平的社会主义现代化目标。中国所从事和将完成的现代化事业，具有多方面的原创性，而不再只是对理论预言的信奉和对经济发达国家的"追赶"。总之，中国式现代化不是模仿成功先例，而是创造"另一种成功模式"的壮举。可以说，这是对现代化的认知从"必然王国"向"自由王国"的升华。从此，中国人民走上了迎接中华民族伟大复兴的历史征程。

中国式现代化的认知叙事，不仅是民族的，也是世界的。习近平总书记在党的二十大报告中指出："中国式现代化，是中国共产党领导的社会主义现代化，既有各国现代化的共同特征，更有基于自己国情的中国特色。"中国式现代化当然要有人类文明共同的发展方向，但各国历史、文化和制度具有不同特质，因此其现代化进程必然基于各自国情特点相互借鉴。不同国情特质，决定了各国现代化的具体形态和表现。

中华文明的悠久历史和传承在世界上是独一无二的。中国实现现代化具有丰厚的文化基础和独特的认知内涵。正如习近平总书记在党的二十大报告中所指出的，中国式现代化是人口规模巨大的现代化，是全体人民共同富裕的现代化，是物质文明和精神文明相协调的现代化，是人与自然和谐共生的现代化，是走和平发展道路的现代化。所以，中华民族伟大复兴必须走中国独特的现代化道路。中国实现现代化，不仅是一个规模巨大国家的现代化，而且是一个伟大民族的复兴。

中国式现代化的内涵和要义十分丰富和深刻。对于中国式现代化的进一步理解，对于中国式现代化多方面任务的安排和落实，我们需要不断进行实践探索、经验总结和理论研究。中国式现代化，在民族和国家意义上，集中表现为全面建成社会主义现代化强国。社会主义现代化强国是中国式现代化的栋梁和筋骨。只有全面建成社会主义现代化强国，人民富足和国家长治久安才有坚实基础和可靠保障，走高质量发展之路则是夯实社会主义现代化国家物质技术基础的根本道路。

习近平总书记在党的二十大报告中指出："高质量发展是全面建设社会主义现代化国家的首要任务。发展是党执政兴国的第一要务。没有坚实的物质技术基础，就不可能全面建成社会主义现代化强国。"所以，必须加快构建新发展格局，着力推动高质量发展，为此必须"构建高水平社会主义市场经济体制"，实现共同富裕。这就形成了一个基本理论逻辑：中国式现代化——社会主义现代化国家——人与自然和谐共生的高质量发展——高水平社会主义市场经济体制——以人民为中心和共同富裕。其中，高质量发展具有决定性意义。

中国式现代化的这一基本理论逻辑建立在对人类发展历史和世界新格局深刻认知的基础上。当今世界，人类发展仍然处于工业化阶段，工业化阶段区别于其他时期的最重要特征就是以经济增长为最突出表现的演化发展过程（前工业化和后工业化时期都不会有工业化阶段这样的快速经济增长）。发展是硬道理，中国实现现代化依赖于经济可持续发展，并由此走向高质量发展新阶段。

关于高质量发展和中国式现代化，我们特别需要深刻理解其全球性意义。按照以往的发展理念，人们一般认为，经由工业化和现代化，人类发展的文明形态会趋于同质化。也就是说，以人类理性为行为动机和利益动力的现代化，将会促使各国最终都走上基本同样的道路，殊途同归，形态趋同。过去，一些人肤浅地理解马克思的理论，倾向于认为人类文明形态将规范于相同的理性主导。其实，那并不是马克思的观念。马克思承认世界有多种文明形态共存，他设想或预言的未来社会是"自由人联合体"的世界，具有极大的丰富性。

中国实行改革开放之后，中国共产党逐步摆脱观念桎梏和教条约束，一切从中国国情出发，带领人民创造了人类文明新形态。中国共产党充分认识到，人类对世界形成真理性认识，并不意味着可以无视世界的多元化和文明形态的多样性，更不意味着可以强求经济社会发展模式的同质化，而是必须承认，不同国家和不同民族都可以有各具特色的文明形态、制度特质和价值文化，都应该走适合自己国情的发展道路。这是真正的思想解放。

这样的新理念和思想解放，就是承认人类社会是具有多样性的一体化世界。不同的历史文化使得各国制度体系中的规则秩序并不完全相同。也就是说，其中既有共同规则，也有特色安排。中国共产党清晰地认识到：世界可以而且必然是和而不同的全球格局，不同的文明形态、不同的经济体制、不同的行为方式可以互不排斥地共存于同一个世界，形成人类命运共同体。人类有能力实现各类规则的接轨协调，达成多方畅通协议，建设包容性世界新秩序。这就是中国式现代化认知的底层思维和逻辑自洽基础，这也体现了中国经济高质量发展的世界意义。

本书从经济学的学术逻辑出发，考察中国式现代化进程中高质量发展的机理和现实。读者将会从中看到，中国经济的高质量发展造就中国式现代化的民族伟业，中国式现代化全面推进中华民族伟大复兴，这是人类发展的宏大叙事。因此，从中国式现代化的视角，可以透视高质量发展叙事的世界文明价值及其承载的人类发展命运；高质量发展的深刻叙事，可以诠释中国式现代化的核心意涵。

金　碚

2023年1月20日

目　　录

高质量发展的
理论逻辑与价值观念

习近平总书记在中国共产党第十九次全国代表大会所作的《决胜全面建成小康社会夺取新时代中国特色社会主义伟大胜利》报告中指出："我国经济已由高速增长阶段转向高质量发展阶段，正处在转变发展方式、优化经济结构、转换增长动力的攻关期，建设现代化经济体系是跨越关口的迫切要求和我国发展的战略目标。"在经济学的理论意义上，"高速增长"是一个比较容易理解的概念，统计上也较容易把握和核算（尽管也有不少技术难点）。而关于"高质量发展"，则是一个看似简单却不易把握的概念，如何进行"高质量发展"的统计核算更是一个崭新的复杂课题。本章从经济学的基础理论上讨论高质量发展的含义及相关理论问题。

一、"高质量"的经济学性质

将"高质量"作为一个核心概念置于重大政策意涵表达之中，是对经济学的一个挑战。在现代经济学的学术主体框架中，"质量"基本上是一个被"抽象"掉的因素，一般将其归之于"假定不变"的因素中，或者以价格来替代之，即假定较高价格产品的质量高于较低价格产品的质量，即所谓"优质优价"，可以称之为"质—价"对称性假定。但是，如果质量因素体现在生产效率或规模效益上，即发生工业化生产中普遍的"物美价廉"或"优质平价"现象，特别是当大规模生产和供应导致"大众消费"时，如何判断和分析经济活动及产品质量的经济学性质，往往成为理论经济学尽可能回避的问题。例如，作为高技术产品，今天智能手机的价格大大低于过去的手提电话的价格，而前者的性能和质量显然不是后者能够与之相比的，此时，产品质量与价格之间不仅没有正相关性，反而是负相关的，价格完全无法显示产品的质量水平，即完全不存在"质—价"对称性。这一现象在工业革命之后的工业化时代实际上是普遍发生的，技术进步和创新也使这一现象普遍存在。但经济学却对其视而不见，而只是假定在一定时间点上，质量高的产品具有比质量低的产品更高的附加价值，静态地建构质量与价格之间的对称关系。

产生这一现象的根本原因是，自马克思将古典经济学推向理论高峰后，经济学知难而退。关于商品二因素的理论路线在后来的经济学发展过程中向一元化方向并轨，即走向了将商品使用价值并入交换价值的路线，而且倾向以供求关系分析完全取代价值理论。例如，认定产品的边际效用决定其价值，边际成本和边际收益决定其价格，以此作为经济学的底层逻辑基础。这样，经济学发展和逻辑体系演进就可以走向易于用数学方法进行刻画和分析的方向。经济学研究方法的数理模型化倾向，使得经济学对复杂的质量因素避之唯恐不及，经济学研究的抽象方法尽可能避开了具有很强具象性特征的质量问题。按此方向发展，经济学似乎变得越来越"纯粹""精确"和"精致"了，所有的经济关系都抽象为数量关系，唯一重要的计量单位是"价格"（包括工资、利率等要素价格），所有的经济变量都转换为以货币单位计量的个量或加总量。这样，同使用价值相关的所有变量都有意无意地被"抽象"而归之为交换价值量，也就不再可能有质量含义。所以，经济学甚至被称为"第二数学"，几乎所有的经济关系都可以由数学来表达，而且认为只有用数学方式表达和刻画的经济关系才是含义最明晰和定性最精准的变量及其相互间关系。为此，对于现实经济中存在的质量因素（即具象的使用价值特征），只能采取两种方式来处理：第一种方式，将不同质量的同一种产品定义为不同的产品，即只有质量相同的产品算作同一种产品，这样，分析产品供求关系时就不存在质量差异和计量困难了。第二种方式，将产品的差异包括质量差异都归之为"垄断"性因素，实际上仍然是将质量不同的产品定义为不具性能（质量）替代性的产品，正因为这样，质量不同的产品也就相当于不同产品或不具充分替代性的同类产品。对于产品质量，进而对于以此为基础的经济发展质量问题，经济学家往往是含糊其词，不愿深入讨论。其根本原因就是现代主流经济学缺乏研究质量因素和质量现象的学理基础，以及以此为依据的分析工具。

经济学家并不是不知道，生产的目的是为了满足人的实际生活需要，即获得有用产品，而所谓"有用产品"实际上包含着强烈的具象性质量特性。但是，生产的最终目的并非就一定是经济行为的直接目的。而且，如果人们仅仅是生产自己使用的产品，也就是将生产的最终目的完全同化为生产的直接目的，那么，生产力反而会受到极大限制，因为这样的自给自足的自然经济实际上就否定了社会分工的可能性。因而，人类社会必然走向以分工为基础的交换经济（市场经济），产品成为商品，即为交换而生产的产品。这样，各个生产者的生产目的就从为自己提供使用价值，转变为以向别人提供使用价值为代价，而获得对方提供给己方的使用价值。此时，产品使用价值所体现的质量合意性，就从关注自己消费的产品的质量合意性，变为关注交换对方能否认可和接受产品的使用价值质量。亚当·斯密说："不论是谁，如果他要与旁人做买卖，他首先就要这样提议。请给我以我所要的东西吧，同时，你也可以获得你所要的东西，这句话是交易的通义。我们所需要的相互帮忙，大部分是依照这个方法取得的。我们每天所需要的食料和饮料，不是出自屠夫、酿酒师或烙面师的恩惠，而是出于他们自利的打算。"这样，生产者的"自利"动机就不是产品对自己有用，而是可以获得别人提供的交换物的有用性。这是人类生产活动的质量关注性的具有关键意义的关系"反转"现象，即由于交换关系的普遍化，产生了交换价值，并开始取代使用价值的地位。而当货币成为交换价值的全权代表时，使用价值就日益落入弱势地位；而使用价值之根——质量，也就退居次位，甚至被严重忽视。

当然，这不是说经济学家不知道人的实际动机并非仅仅为了自利，他们完全知道人的行为动机总是很复杂的。经济学家马歇尔承认："当我们说到一个人的活动的动机，是为他能赚得的金钱所激发时，这并不是说，在他的心目中除了唯利是图的念头之外，就没有其他考虑了。"但是，他也明确地说："经济学一方面是一门研究财富的科学；另一方面，也是研究人类在社会中的活动的社会科学的一部分，这一部分是研究人类满足欲望的种种努力，然而只以这种努力和欲望能用财富或它的一般代表物货币来衡量为限。"虽然他也承认"货币从来不是衡量这种动力的完美的尺度"，但仍然认为"如果谨慎小心的话，货币便可成为形成人类生活的大部分动机的动力之相当好的尺度"。可见，经济学家是"睁一眼闭一眼"的，经济学所进行的"抽象"和"假设"，只以研究货币可以衡量的现象和关系为限。这种独眼看世界的方法是相当"冒险"的，弄不好就可能走上歧途。因此，马歇尔指出，经济学千万不能忘记两个假设条件："第一，假定其他情况不变；第二，这些原因能够不受阻碍地产生某些结果。"并指出："亚当·斯密和许多往代的经济学家，依照谈话的习惯，省掉了假设的语句，因而获得表面上的简洁。但这样却使他们不断地为人误解，并在无益的争论中引起了许多时间上的浪费和麻烦；他们获得了表面上的安心，却是得不偿失。"也就是说，经济学一方面要尽可能"抽象掉"使用价值因素，另一方面又不可无视使用价值。使用价值必须要留在经济学家心中，但经济学对如何处理使用价值又无从下手。如果引入使用价值及其质量因素，经济学会显得很"笨拙"、不精确，就好像是持枪射击闭上一只眼可以瞄得更准；而如果无视使用价值及其质量因素，经济学就如同丢掉了自己的根基。这是经济学自始至今的一个"命门"性难题。

　　因此，研究高质量发展问题，有必要再回到马克思的商品二因素，看看这一问题的理论根基究竟是怎样的。关于商品价值理论的研究从古典经济学到马克思的劳动价值理论，一直基于二重性的方法论，即认定商品具有使用价值和交换价值的二重性，对两者的关注和关切都不可偏废。在经济活动的本真意义上，人类从事生产活动，归根结底当然是为了获得使用价值，以满足人的真实需要。这是一个再朴素不过的常识性事实。而随着真实需要的不断提升和生产能力的相应提高，产品的使用价值性能也在不断提升，这也是经济活动的原初本真性。在这个根本问题上，马克思始终保持学术定力，将商品二因素理论置于经济学逻辑基底并始终坚持，使之成为贯彻和决定整个学术体系的"基因"。按照他的逻辑，交换成为普遍现象特别是发展成以货币为媒介的市场经济时，商品的二重性就显著对立了，而且形成独立的供需双方：提供有用产品的一方为供给方，付出货币的一方为需求方。供给方的直接目的是获得代表交换价值量的货币，而需求方的直接目的则是获得具有使用价值的有用产品。而且，参与交换的主体都会递次居于供方和需方的地位，以达成获取使用价值的最终目的。这就是马克思以符号形式W—G—W所定义的简单商品交换关系和简单商品经济。此时，产品的使用价值质量关注方虽然发生了反转，但双方的最终目的仍然是获得使用价值。而进一步的实质性变化是，从简单商品交换经济演变为资本主义市场经济，生产和交换的目的再次反转，即成为G—W—G'。此时，交换的目的不再是获得使用价值，而是为了交换价值即货币的增殖。此时，商品的使用价值及质量的重要性"退居二线"并间接化了，即只是在能够有助于或者不妨碍交换经济即货币量增殖的前提下，使用价值及质量特性才是重要的。总而言之，如果有可能采取完全不涉及使用价值及质量的方式就可以获得更多的交换价值即实现货币量增殖，那不是更好吗？货币如果能够自行增殖，岂不是求之不得的"高招"和"捷径"！这就是所谓"虚拟经济"的逻辑。也就是说，在经济活动和经济发展的原本意义上，使用价值是生产目的，交换价值即货币是手段，而现在却反转为：使用价值及质量不过是手段，获得更多交换价值即货币才是目的。而如果能够不要（或省略）使用价值及其质量特性这个手段或工具，也能达到货币增殖的目的，那么，使用价值及质量特性就完全可以被"忽略"了。

当然，在此情形下，使用价值及质量特性也并非完全无关紧要，因为在市场经济条件下，虚拟经济归根结底是受实体经济所决定的，实体经济的供求关系是竞争性的，只有当产品的质量能够满足真实需要，才会有更多买家；只有当买方愿意购买时，卖方才可能获得货币，即实现商品的交换价值。这一情况可以称为交换对质量的合意性要求，即必须能够满足购买者对于使用价值质量的需要，否则使用价值就发挥不了获取交换价值的功能。更重要的是，通常情况下，生产和提供产品的供给者众多，卖方的产品交换价值要得以实现，必须要有更具优势的性价比，才能在竞争中战胜对手完成交易过程，这可以称为质量的竞争力，即同竞争对手相比较的质量优势。很显然，质量合意性决定质量竞争力。质量竞争力决定产品的价值实现。从上述关于商品质量的上述含义看，所谓商品质量首先关系产品的物质技术性质。一般来说，物质技术性能越高，产品质量也越高，其质量合意性和竞争力也越强。但经济学所定义或关注的商品质量也绝不仅仅关系产品的物质技术性质。在经济学意义上，产品质量是相对于满足人的实际需要而言的，如果没有人的实际需要，就无所谓产品质量。如果物质技术特性超过实际需要并且导致更高的生产成本和产品价格，则被认为是"质量多余"。例如，如果以高成本方式生产能够使用100年而不被损坏的鞋，就是不经济的行为，属于质量多余，并非经济学意义上的高质量。

　　总之，从经济学的基础理论看，所谓质量，是指产品能够满足实际需要的使用价值特性；而在竞争性领域，所谓质量，同时还是指具有更高性价比因而能更有效满足需要的质量合意性和竞争力特性。需要强调的是，所谓"需要"是很复杂的，特别是随着经济发展和社会进步，"需要"也是不断增进变化的。所以，将这一理解推演到高质量发展的概念时，就赋予了其很强的动态性，在其基本的经济学意义上可以表述为：高质量发展是能够更好满足人民不断增长的真实需要的经济发展方式、结构和动力状态。

二、从高速增长转向高质量发展的理论含义

如上所述，当讨论增长和发展的质量时，这一概念就具有了强烈的动态含义。现实经济活动总是在一定的时间期限内进行的，作为一个连续推进的过程，社会经济发展是有阶段性的。在不同的历史阶段，经济增长和发展的方式及状态是不同的。也就是说，不同的发展阶段是以其不同的质态区别的。改革开放40多年来，我国国民经济实现了高速增长，数量和规模的快速扩张是其最突出特征。进入新时代，这样的高速增长完成了其历史使命，中国经济将转向高质量发展阶段。那么，从经济学的基础理论分析，高速增长与高质量发展的质态有何异同？两者的内在关系又如何呢？从根本上说，无论是高速增长还是高质量发展，其本质含义首先都是社会所生产和消费的有用产品的增加，也就是说，其经济学含义都是使用价值量的增加，更多的使用价值满足人民日益增长的需要。交换价值并无使用价值，从根本上说不是理性追求的目的，而只是获得使用价值的手段或工具。但是，由于各种不同产品的使用价值难以进行一致性计量和加总，所以在经济学研究中不得不以货币作为一致性计量的核算单位。例如，GDP（国民生产总值）及其增长的真实含义是一国（或地区）所生产的各种各样的产品和服务总量及其增长，从本质上说，是一个以货币单位核算的使用价值量及其增长，也就是说，GDP 的实质是一个使用价值量，但不得不以交换价值（货币）量来刻画和表达。从技术上说，进行这样的替代，是假定产品使用价值与交换价值具有量的正相关性，所以交换价值量可以在很大程度上反映使用价值量（可以称之为"量—质对称"）。当然，由于真正想要计量的

是使用价值量而不是交换价值量，所以核算统计中往往采用的是"不变价格"以至"购买力平价"这类非现价统计指标，以尽可能剔除交换价值变动（名义价格变动）或国际差异（各国货币实际购买力因货币汇率而发生的偏差）所导致的对使用价值真实量的计量偏离。

除了高速增长与高质量增长的上述本质相关性之外，两者的差异也是明显的。在高速增长阶段，一方面，主要是经济产出即产品和服务的供给量不足。之前中国经济供给侧的基本特征是"落后的生产力"。为了摆脱落后，必须加快增长。另一方面，市场经济的工具理性发挥了强劲的力量，表现为经济关系中的工具性目标，收入、利润等，成为社会追求的重要目标。改革开放40多年，中国经济总量大幅度扩张，GDP从不足全球5％，迅速提升至15％以上，并保持不断增长，按GDP总量（以汇率计算）衡量，中国已经成为世界第二大经济体。中国人的形象从"穷人"变成了"有钱人"，在世界各国眼中，今天的中国"真有钱"！但是，不能忘记"钱"的性质是什么？也不能将"有钱"同经济发达画等号。

当度过了这个令人兴奋的经济高速度增长阶段，取得了巨大成就后，其内在的矛盾和问题也积累并日益显现出来。十多年前，人们就开始认识到中国经济发展存在"不平衡、不协调、不可持续"的突出问题。习近平总书记在党的十九大报告中又进一步指出，中国社会主要矛盾已经转化为人民日益增长的美好生活需要和不平衡不充分的发展之间的矛盾。此时，人们不禁产生新的困惑：为了经济高速增长，我们付出了很大代价，产生了许多矛盾，这就是我们所需要的经济增长吗？我们是否因追求物质财富甚至是虚拟的货币数字而失去了经济发展的本真目标了？经济的高速增长等同于实现了经济发展的目的吗？简言之，当经济增长的量的不足即"落后"问题基本解决后，经济发展质量的问题就会凸显出来。而经济发展质量不高主要体现在真实经济的结构上。所谓经济结构，从经济理论上看，就是产品及其生产过程的使用价值层面，即供给侧现象。当然，需求侧也有结构性问题，而真实需求的结构问题实际上也是与使用价值相关的现象，即对质量的要求。因此，从市场经济的商品二因素角度观察高速增长转向高质量发展，就是经济运行的目标和动力机制从主要侧重于以交换经济（货币单位）计算的产品总量增加，转向更加注重产品和经济活动的使用价值及其质量合意性。当然，这也并不意味着转向高质量发展阶段，交换价值就不重要了。以交换价值所体现的市场经济的工具理性机制仍然具有重要意义，还将发挥重要作用。收入、利润等仍然是重要指标，关系经济是否或能否有效运行并取得进步。但是，进入高质量发展新时代，体现经济发展的本真性质，对满足人民日益增长的美好生活需要的使用价值面即供给侧的关注，将变得尤为重要，受到更大关切。正是由于上述客观现实变化，中国经济已经进入了本真复兴时代。"人类发展的本真复兴，实质上就是要在生产力高度发达的基础上实现工具理性与人类价值目标的契合。也就是要不失经济发展的本质目的，并以工具理性的可行性和有效性来达成人类发展的本真价值目标，这才能使人类发展回归其本真理性的轨道。从这一意义上说，今天人类发展仍然处于'蒙昧'时代，尚未实现本真理性的主导，因而必须进行第二次启蒙，以实现其本真复兴"。也就是说，当中国历经百年奋斗，终于甩掉了"落后的生产力"帽子，进入生产力已有很大提高的新时代，经济发展的本真性将越来越多地体现在使用价值侧的不断进步，即经济状态的质量面的日益改善。这也就是经济工作要转向以供给侧结构性改革为主线的根本原因。

三、新时代经济发展的新质态

现代经济学起源于18世纪的启蒙时代，工业革命是其现实背景。因此，经济学的发展沿着工具理性主导的方向发展，并且很大程度上基于物理学的隐喻，把经济活动设想为"机器"。于是，均衡、最优化、最大化、控制、调节等范畴概念和分析方法成为经济学的主要思维工具。如诺贝尔经济学奖获得者美国经济学家理查德·泰勒所说，主流经济学的逻辑可以简单表述为，"最优化＋均衡＝经济学"。沿着这一方向，并且力图将更复杂的数学方法引入经济学，以体现经济学的"高深"和"精尖"，因而经济学的形式显得越来越"精致""优美"，同时却越来越远离复杂现实，失去其本真的研究对象。这导致了一个奇特现象：越高深的经济分析似乎越是同真实世界无关，经济学的优美性似乎就是其自身推理逻辑的自洽性。这样，经济学似乎具有了"浅碟"性特征：精致华美的碟盘中盛不了多少实物。高级化的理论和精致的模型并不能很好地解释现实，特别是难以预测可能发生的重大变化，例如经济危机的爆发。这突出地体现为：应对"量"的问题，经济学似乎可以信心十足地进行得心应手的分析和判断，而一旦面对"质"的问题，经济学就表现得力不从心。特别是当社会经济的"质态"发生了重大变化，在过去社会的"质态"条件下形成的经济学分析方法无论如何精致高级，也难以适应具有新质态的新时代。关键的是，现在所面对的不是一般意义上的经济发展质量问题，而是在中国特色社会主义新时代条件下的经济发展质量问题。因此，在我们的经济学"碟盘"中，需要放入这个新时代的新质态因素及其导致的新现象和新关系，并能对其进行分析研究和获得可信结论。

关于经济发展的研究，美国经济学家约瑟夫·熊彼特作出重要贡献，他提出的创新理论产生了深远的学术影响，现在，凡提及创新和企业家，经济学家几乎言必称熊彼特。不过，从熊彼特的著作《经济发展理论——对利润、资本、信贷、利息和经济周期的考察》一书的书名就可以看出，他主要关注的仍然是交换价值即货币侧的现象，而使用价值即供给侧的因素是处于从属地位的。不过，熊彼特在理念上是关注经济发展的质态变化的，他说："我们所意指的发展是一种特殊的现象，同我们在循环流转中或走向均衡的趋势中可能观察到的完全不同。它是流转渠道中的自发的和间断的变化，是对均衡的干扰，它永远在改变和替代以前存在的均衡状态。我们的发展理论，只不过是对这种现象和伴随它的过程的论述。"按照这样的思路，熊彼特实际上涉及了经济发展的质态变化现象问题，并将其抽象为经济循环中发生了各种要素"新的组合"现象，而引入新因素"实现新组合"也就是他所定义的企业家"创新"和经济发展质态变化的"动态"过程。当然，熊彼特并没有将经济发展的质态变化推展到"时代"的质态变化现象。这是经济学家特别是中国经济学家所面临的研究课题。

基于以上讨论，可以将"高速增长"和"高质量发展"作为区别两个发展阶段的不同质态的概念表达。那么，新时代的中国经济质态发生了怎样的新变化？经济学能够以什么方法和工具来对其进行观察、研究和判断呢？同过去40年相比，中国经济的质态变化是显著的：从低收人变为中等收入、从生产力落后的贫穷国家变为世界第二大经济体、从GDP增长目标最重要变为实现平衡和充分发展更重要、从全力追求"金山银山"变为更要有"绿水青山"，等等。这样的基本质态变化，将导致发展观的实质性转变。新时代的新发展理念则是：创新、协调、绿色、开放、共享。在市场经济中，主要生产活动的重要经济性质确实是交换性的，即大多数人的行为是以获得更多的交换价值（收入、利润）作为目的，以此才能获得消费（索取消费品）的权利，因此，消费是权属性的，即人们只能消费属于自己的产品。其实，现实情况比上述理论逻辑要复杂得多。生产不仅仅具有交换性，因此，以市场价格调节市场活动，而且生产也需要外部条件（例如基础设施等）的支持，还会产生正面的或负面的经济外部性。同时，真实消费（使用价值的享用）也不仅仅是权属性的，即只有拥有产权才能消费，而且存在共享性消费，即不拥有产权也可以消费。只不过在过去时代，非交换性生产活动和非权属性消费（共享）并不具有实质性的重要意义，所以在经济学的一般理论分析框架中可以"抽象掉"。而进入新时代，经济质态发生了巨大变化，生产和消费的经济学性质具有了显著的新特征。所以，今天的生产和消费的社会质态特征和质量要求标准同过去也必然大不相同，因而其理论解释和表述也必须深化和改变。

正因为在市场经济中绝大多数生产活动是为交换而进行的，生产者是为向他人提供使用价值而进行劳动，其目的是获得更多的交换价值（货币），而交换价值（货币）本身并不具有使用价值，所以这样的生产方式，实际上是生产活动目的与手段的角色反转。虽然这样的机制能够为社会生产注入经济增长的强劲动力，但正如美国著名学者大卫·哈维所说，那是一个交换价值是主人、使用价值是奴隶的机制。而当人类社会进入一定的发展阶段，经济发展的本真性质必会凸显其最终的决定性，即在新的发展阶段上实现本真复兴。根本上说就是"享用"的崛起，是"享用"对于"交换"的"平权运动"。在这一意义上，即从经济学的价值论上说，新时代是本真理性渐居主导地位的时代（或本真复兴的时代），必有发展理念的深刻变化，以适应和体现时代质态的演变趋势。经济发展的本真理性实质上就是以追求一定经济质态条件下的更高质量目标为动机。进入新的发展阶段，由于经济质态的变化，发展的质量要求也会改变（提高），高质量发展所涉及的基本因素与以往时代也不尽相同，即发展的政策目标以及各目标的优先次序将有很大改变。基于过去的社会经济质态或发展阶段，当时主要强调"市场经济是交换经济"。也就是说，在马克思所定义的商品二因素中，强调了交换价值（索取权），而使用价值（享用性）反而成了获得交换价值的手段。在那个时代是可以如此理解和进行理论表述的。但进入新时代，继续这样简单地理解市场经济就有失偏颇了。尽管市场经济确实是交换经济，但这一性质并不能否定市场经济归根到底也是满足人民实质需要的经济制度，而且市场经济的前一个性质最终是受上述第二个性质决定的（创造使用价值满足真实需要）。正因为上述前一个性质可以成为实现后一个性质最有效的手段，市场经济才是人类发展中最具高效率和最现实可行的经济制度，迄今为止，市场经济是满足人的真实需要最有效的制度。在市场经济的一定发展阶段，由于工具理性的强劲主导和社会生产力的落后，上述第二个性质被抑制了。而进入新时代，市场经济的这个最终服从于满足人民实质需要的根本性质将越来越显著地显现出来。因此，新发展观，即创新、协调、绿色、开放、共享的新发展理念，就成为对新时代高质量发展的新要求，也是对是否实现了高质量发展的评价准则。而且，新时代的这些要求的实现也决定了经济运行必须是效率和质量导向的，即体现质量第一、效率优先，以实现更高质量、更有效率、更加公平、更可持续的发展。

四、促进高质量发展的体制机制

从高速增长转向高质量发展，不仅仅是经济增长方式和路径转变，而且也是一个体制改革和机制转换过程。高速增长转向高质量发展的实现，必须基于新发展理念进行新的制度安排，特别是要进行供给侧结构性改革。也就是说，高质量发展必须通过一定的制度安排和形成新的机制才能得以实现。

第一，高质量发展依赖于市场价格调节的有效性，其基础性的体制机制要求是，必须使市场在资源配置上发挥决定性作用。所以，整个经济系统的价格体系的合理化，是经济高质量发展的前提。这里所说的价格，不仅包括产品价格、服务价格，而且包括要素价格，即工资、利率、汇率等。而价格调节的有效性，取决于市场微观经济主体（主要是企业）之间竞争的公平性。在现实中，市场体系中存在各种类型的微观经济主体：私有和国有、营利性和非营利性、大型和中小型、本国和外国、单元性和网络性、实体性和金融性、自然人和法人、特许经营和自由经营，等等，这些不同类型的微观经济主体具有不同的市场势力，往往是很不对等的。如果不能达成各类主体"势均力敌"或权责相当的市场格局，那么，价格调节的实际后果是难以实现有效性和合意性的，这样也就无法保证实现高质量发展所要求的资源配置格局。因此，合理的价格体系和有效的价格机制是高质量发展的基础性、决定性因素之一。

第二，价格调节的有效性和价格体系的合理性，取决于产权制度和交易制度的有效性和合理性。只有当产权边界明确、产权安全可靠、产权权能有效、产权交易便利，价格机制才能有效发挥调节经济的功能。从这一意义上说，健全的产权保护制度，包括知识产权保护制度，是促进高质量发展的根本性保障。如前所述，市场经济的产权关系同生产及消费间的关系是复杂的，生产活动和消费享用及其影响，往往是会超出产权边界的，即产生"外部性"和"共享性"。此时，能否发挥价格调节的有效性和合意性，以及如何在特殊产权关系条件下构建能够使价格机制发挥调节作用的制度，就成为实现高质量发展的制度安排必须完成的创新工程。所以，促进高质量发展，不仅需要尽可能"放开价格"，而且需要构建各领域特别是特殊领域的有效交易制度。在经济学理论上，产权和交易是高度相关的，其相互关系及实际的制度安排决定了交易成本的高低，而交易成本对经济发展的质量具有重要影响。尽管实践中难以做到交易成本为零的制度安排，但最大限度减少交易成本，因而使产权关系更有效发挥作用，是促进高质量发展的改革方向。从一定意义上可以说，市场运行较高的交易成本是经济发展质量不高的表现，也是导致经济发展质量难以提高的重要障碍。

以上两点表明，进入新时代，不仅没有否定市场经济关系，而且是市场经济的进一步发展和成熟，形成并更加依赖于更高质量即更有效的市场经济体制机制。一方面，市场经济的交换性所要求的权属性生产和消费将更为有效；另一方面，市场经济的享用性将提升到更高水平，享用的范围从个体权属，扩大到群体共享性（公共服务）、环境质量（生态环境保护），以至体现享用的包容性和平等性的更广泛领域。这实际上是市场经济中生产和消费的个体（私人）权属性与公共权属性的结合和协调。总之，高质量发展阶段，需要更加有效的市场体制机制，更好体现市场经济的交换性和享用性的高度协调。

第三，更好发挥政府作用是实现高质量发展的重要因素。如前所述，市场调节机理的基础是工具理性的主导，尽管在完善的市场制度下市场调节是很有效的，但并非在所有领域都能确保"市场最了解"，因而表现为"市场最正确"。也就是说，在一些方面和领域，特别是当经济发展涉及深刻而广泛的质量方面时，市场可能"难以了解"，具有盲目性，因而可能发生调节失灵的现象。从另一角度看，新时代生产和消费质量水平的提高，对公共权属性机制以及非权属性享用的保障（例如良好环境）提出了更高要求。因此，政府必须在对市场的治理规制、进行重大规划特别是区域规划、提供公共服务、保护生态环境、调节收入分配、构建社会安全网和援助弱势群体等方面发挥积极作用，这些方面也都直接体现了经济发展质量的高低。因此，更好地发挥政府作用，是实现高质量发展不可或缺的重要条件和治理手段。

当然，事物都具有两面性。如上所述，政府发挥更好的作用是促进高质量发展的一个不可或缺的因素，但政府的不当或过度干预又可能导致市场运行交易成本提高，因而成为损害发展质量的一个不利因素。所以，政府简政放权，增强居民的生活便利性和企业商事活动便利性，一直是改革开放40多年来的努力方向，仍然任重道远。中国已经是一个市场经济国家，但还不是一个低交易成本的高质量的市场经济体，所以在提高市场运行效率方面还有大量的工作和任务要完成。总之，政府发挥作用要体现为降低市场经济的交易成本而不是增加交易成本。

第四，科学发现、技术发明和产业创新是实现高质量发展的关键动因，只有创新驱动的经济才能实现持续的高质量发展。从经济学上说，创新是一个含义广泛的概念，而且有各种不同的类型，其中，技术创新具有特别重要的意义，往往受到更大的关注。产业或企业进行技术创新，首先要有新技术的来源，这可以是外源性的（如引进、模仿），也可以是内源性的（如自主研发）。如果从社会分工的角度看，在现实过程中，几乎所有的技术创新都是内部资源与外部资源的结合。当然，由于分析研究的需要，可以将创新的技术类型划分为外源主导和内源主导两种典型类别。作为一个发展中国家，中国以往的发展特别是40年的高速增长更大程度上依赖于外源主导的技术，表现为技术引进、招商引资、吸收模仿等经济行为。那么，进入新时代，向高质量发展转变，中国的产业技术创新将走怎样的路呢？过去，中国处于"落后的生产力"时代，今天，中国经济有了巨大发展，尽管仍然是中等收入的发展中国家，但已经不再是落后国家，而且具有了许多其他国家所缺乏的特殊优势，中国特色很大程度上就是中国优势，至少是可以转变为中国优势。

在产业和企业的技术创新上，中国特色显然也是可以表现或转变为中国优势。产业和企业的技术创新，是从科学发现、技术发明到研发和产业化这一完整链条中最终进入技术产品的市场实现过程的关键环节。因此，人们常说，"企业是创新主体"。在上述分工链上，对于企业来说，大多数的高新技术都是外源性的，即企业必须从从事科学发现和技术发明的部门，获得科技资源或成果。而从国家和国际角度看，企业可以获取的科技资源和成果可以是国内的，也可以是国外的，当然也可以是国际合作的。进入高质量发展阶段，企业对科技资源和成果的要求越来越高，能够多方面多渠道获得高新技术资源，使之成为本企业进行研发创新的活水源头，成为一个关系重大而影响深远的体制机制问题。因此，在新发展观中，以及在体制和政策安排上，"开放"的含义绝不仅仅是指国际贸易和投资，同样重要甚至更重要的是整个国家科技创新体制机制的开放性，实际上就是将科学发现、技术发明，同产业技术创新及企业研发和新产品产业化，各环节相互联通，形成合作机制的问题，即要以有效的体制机制来保障和促进科研成果的产生和产业化。总之，高质量的发展必须更好地解决企业的高新技术"源头活水"问题。这是实现高质量发展的一个关键性体制机制改革要务。

五、高质量发展的多维性特征

在以上讨论的基础上，自然会产生一个问题：既然从高速增长转向高质量发展，而一国或地区的高速增长的表现是可以统计方式（采用收入、产出或GDP等指标）量化比较的，那么，高质量发展的表现是否也能够以统计方式进行量化比较呢？对经济增长速度进行核算统计时，采用的基本方法是以交换价值数值即货币单位量替代使用价值量进行核算加总，从而获得以货币单位表示的产出总量及增长数字，以此判定经济增长速度的高低。这一方法尽管也存在一些技术性的困难，但其获得的核算统计结果基本上是可信的，可用于进行比较和判断。总之，以核算数据判定高速增长、低速增长还是中速增长，可以比较明确且是基本无疑义的。但对"高质量"发展的核算统计和量化比较，情况就要复杂得多。本文以上提及的经济学通常所假定的"量—质对称"和"质—价对称"，在现实中往往是不存在或难以确保的。更重要的是，所谓发展质量，本质上就是一个综合性概念，有其客观性，也有主观性，即关于质量的某些判定取决于其同相关人的关系以及相关人对其的关切程度。而所谓"相关人"又是一个复杂的群体，个体关切性（基于个体理性或感受）和群体关切性（基于集体理性或评估选择）又可能是有很大差别的。所以，就像很难精确判定不同人或者一群人的"素质"谁高谁低一样，发展质量的高低也难以精确判定。从理论上说，这至少涉及三个基本问题：一是关于发展质量，有些因素是可计量的，有些因素是不可计量的。对于本质上不可计量的因素要进行量化核算，只能采用替代性指标，而替代性指标只可能是粗略地反映实际，往往是数字越"精确"所反映现实的可信度反而可能降低。二是要将各种反映或替代性反映发展质量的主要数据进行加总使其成为可比较的单一指数，需要选择计量单位，还需要确定各数据值在加总数中的权重，这难以避免主观性的影响。三是对于质量的高低，不同人的感受往往是很不相同的，譬如对于温度这一环境质量因素，有些人认为20℃的温度质量高，有些人认为23℃的温度质量高，甚至有些人可能认为15℃最好。那么，如何判定什么是"高质量的环境"温度呢？而当涉及经济社会问题时，不同人对于"质量"的主观判断标准就大相径庭了，例如，什么是"富足""自由""幸福""平等"，不同的人有不同的认识。

但是，对发展质量的统计核算和量化比较的上述讨论，并不意味着发展质量的水平高低是完全无法认定和比较的，只是思维方式须有所改变。如本文第一节中所提及的，迄今为止的主流经济学思维，主要基于物理学（机械）的隐喻，把经济体设想为一个因果关系确定的机器系统，机器中的每一个"原子"的行为目标都是理性确定的（最简单的假定就是每一个人都是理性的"经济人"）。因此，这个经济系统的运行必有一个"最优"或"最大"目标值，现实经济越接近这个值就越好。虽然现代主流经济学也不否认这个经济系统会变化，甚至演化、进化，也有一些经济学家将心理学、生物学等引入经济学体系，并取得很有价值的研究成果，形成新经济学派别或分支（例如，行为经济学或实验经济学）；甚至有的学者认为，经济学思维的物理学（机械）隐喻已经不适应了，应改变为生物学的隐喻，即认为经济体不是机器而是生命体，今天的世界经济已经进入"新生物时代""遗传""变异""进化""涌现""分布式系统""神经系统"等生物学概念所反映的现象，在现代和未来经济发展中会发挥越来越重要甚至决定性的作用，但这样的经济学研究尚不充分，不足以抗衡或取代主流经济学的主导地位。

可见，当中国经济从高速增长阶段转向高质量发展阶段，不仅是一个社会行为方向的巨大转变，而且要有思维方式的适应性改变和引领性革新。尽管经济发展的"高质量"方向，是一个模糊性的概念表达，其根本性质决定了其量值的不精确特征，但是，模糊性量值并非不可比较，在实际行动上也是完全可以基于对模糊量值的估量而确定努力方向的（即可以判断什么是更高质量的发展方向），而努力的结果也是可以进行量化评估的，尽管这种量化评估是难以高度精确的。这就像，尽管对人的"素质"进行量化核算难以精确，但并不妨碍判定对提高人的素质所付出的努力方向。例如，卫生、教育、经济、文化等领域的工作对于提高全民素质的积极意义毋庸置疑，而所有这些努力及其所取得的成果也是可以进行量化评价的。因此，当进入新时代，转向高质量发展方向，也可以研发一套反映经济发展质量的核算指标，将创新、协调、绿色、开放、共享以及效率、质量、结构、安全、可持续等因素进行科学量化和指标化，作为高质量发展状况和成就的显示性指标。也就是说，尽管经济发展质量具有非常丰富的因素，多维性是其基本特征，而且，随着发展水平的提高，发展质量的含义也必将不断变化，因为作为发展质量根本性质的人对美好生活的需要是不断增长和变化的，但在理论上还是可以对现阶段的发展质量评价因素进行量化归纳和指标体系构建，作为衡量发展质量的评价工具。

当然，即使高质量发展可以在一定程度上进行量化指标评估，但其实质同高速增长的显示性指标是不同的，人们对其的关切性也是有区别的。后者是以关注总量为主，前者主要是关注结构即各个分量及其相互关系。从经济学基本理论看，后者是假定交换价值（货币单位）核算量替代使用价值实际量，并假定两者高度正相关。而前者却是一个多重因素复合的指数化数值，其中含有本质上难以量化的因素，因而任何量化表达都可能与真实情况存在相当程度的偏差。这一差别恰恰反映了高速增长与高质量发展的实质性差异，也反映了高速增长阶段与高质量发展阶段不同的时代特征和经济发展质态。由于高速增长阶段方向主要是经济总量扩张，更强调的是工具性价值；高质量发展阶段方向主要是结构升级和系统优化，更强调的是本真性价值，因此，在实际工作中，前者往往表现为"锦标赛"似的竞争状态，你追我赶，快者胜；而后者却更需要"细工慢活"似的久久为功，稳中求进，恒优者强。人们对前者成就的感受更具有可直接计量性，例如，产出增加、收入提高、利润增长等；而对于后者成就的感受更具有权衡评估性，例如，生活质量、环境质量、主观幸福等。

高质量发展要求区域发展方式和路径的多样性。高速增长阶段主要表现为"突飞猛进"，高质量发展阶段主要表现为"稳中求进"；高速增长阶段主要表现为"鼓励先富"，高质量发展阶段主要表现为"人民共享"；高速增长阶段的关切主要表现为"GDP 居首"，高质量发展阶段更关切"绿色环保"。基于这样的变化，可以预期，中国经济发展的区域态势也将发生深刻变化。发展质量评价的一定模糊性，反映了发展价值的多维性和丰富性，并且其关切重点从物质成就表象层面逐渐深入内在实质及体验感受上（外国学者将这一过程称之"物质主义"向"后物质主义"的转变），这决定了各个地区的发展可以有多种路径选择，致力于发挥比较优势，创造各具特色的高质量表现。发展价值的多维性和丰富性以及各地区的地理差异性还决定了不同地区有不同的主体功能，并非GDP 高速增长一条道。尽管对于高质量发展，一定的经济增长速度特别是可持续的增长是必要的，而且是基础性的，但追求高质量发展的优化目标则可以是"各显神通""各具特色"的。由于不同的区位、资源和历史条件，各地区的经济增长速度以及经济规模必然会有差别，"高增长"和巨大经济规模（生产规模）并非所有地区都可能达到的目标。但是，各地区特色可以成为高质量经济发展的基础性因素，经济腹地的发展质量未必不如增长极中心地区，经济规模相对较小（经济密度较低）地区的发展质量未必不如具有大规模生产能力（经济密度较高）的地区。中国各具特点的多样性的区域格局和经济文化特色是一个巨大的优势，为形成各具特色的高质量发展模式和路径，提供了各色条件和很大选择空间。高质量发展要求多样性，经济竞争力的不断提升基于发挥差异化优势，中国的巨大经济体正具有这样的特殊优越条件，各地区都有发展方向的很大战略选择空间，非常有利于支持实现高质量发展战略。

可见，关于高质量发展评价比较的难点和指标体系构建的复杂性，可以形成重要启示：发展质量的内容所表现出的多维性和丰富性，要求发展战略和模式选择的高度创新性。系统性地创造发展优势，走符合实际和具有特色的道路，以各种有效和可持续方式满足人民不断增长的多方面需要是高质量发展的本质性特征。总之，中国经济"做大经济规模"的目标在高速增长阶段已基本达成，而"提升发展质量"已成为新时代的主导方向；高增长的速度目标可以表现为一元性，但发展质量目标则是多元性的。因此，转向高质量发展阶段，更需要以新的系统性思维方式选择可行的发展战略，各地区可以基于自身实际追求丰富多彩的优越。

六、以全面性战略和现代化治理体系引领高质量发展

以上讨论表明，高质量发展的一个根本性特征就是多维性，表现在战略方向上就是政策目标多元性。因此，同高速增长阶段的战略思维不同，实现高质量发展的战略思维突出体现为全面性，许多重要举措往往要求"全覆盖"。而在政策目标多元化的前提下，实现战略方向全面性，就成为引领高质量发展的关键。但这一要求在现实中也往往成为难点所在。因为多个目标之间可能会存在一定的冲突性，即追求一个目标可能会损失另一个目标。当然，战略方向全面性，也绝不是没有主攻目

标，不分轻重缓急。恰恰相反，战略方向全面性的实现，必须通过一定时期的主攻目标的按期达成来推进。从理论上说，在现实世界中，获得任何成果都是要付出代价的，经济发展更是如此。人类要争取或生产任何有效用有价值的东西，都不可能"不惜一切代价"。有时候，如果宣称要"不惜一切代价"达到某一目的，其实只不过是一种宣示决心的姿态。西欧工业革命以来的近300年，无疑是人类获得巨大发展成就的阶段。但"获得"也伴随着"丧失"，成就总是以代价换取。从进入工业革命时期开始不久，其代价就开始显现。因此，关于工业化国家是进入了"黄金时代"还是"镀金时代"，在当年就成为激烈争论的问题。实际上就是在追求财富的过程中，丧失了其他许多有价值的东西，那么，这是否值得？

18世纪的启蒙思想家已经深刻认识到经济发展可能产生的负面影响即社会代价，他们指出："对财富的追求产生了精致的文雅，使得生活更惬意，礼貌更完备，艺术更繁荣，但也把公民转变成自私的逐利之徒，摧毁了所有的共同体意识，引入了错误的价值观——从而埋下了道德失范的祸根，而这种道德失范既是国家衰败的标志，也是导致衰落的原因。"从世界范围看，经济增长难以避免的代价至少表现为：生态环境破坏、收入财富分配分化、风险因素累积等。尽管这些现象并非经济发展本身所致，但却是高速增长时期难以完全避免的伴生物，世界各国很少有例外。因此，当高速增长转向高质量发展，缓解和遏制这些反映了发展质量不高（劣质性）的现象，就具有极为重要的意义和紧迫性。可以说，这也是评价判断是否实现了高质量发展的主要标志。如果上述经济社会不良现象严重，而且政府对其束手无策，那么，无论如何也称不上是"高质量发展"的。深受马克思赞赏的18世纪苏格兰启蒙运动思想家亚当·弗格森曾指出，快速的经济发展可能导致"共同体分崩离析"，财富的普遍增长并没有公平分配，精英集团成为既得利益者，大众的利益受到牺牲，这样一来，分工在一些人身上带来了自负和自私，给大多数人带来嫉妒和奴性。它是福音，也是诅咒，孕育着光明的发展前途，也带来了巨大的危险。在亚当·弗格森看来，经济问题是个社会问题，更是个政治问题。

可以看到，党的十八大以来，中国政府强力的反腐行动和进行的"防范化解重大风险、精准脱贫、污染防治"三大攻坚战，以及以遵守中央"八项规定"为重点的党风廉洁建设等，都是向着高质量发展转变所做的极大努力。就像高质量的生活体现为清洁卫生一样，高质量发展，当然必须体现为经济社会以至政治领域的"高清洁度"：生产清洁、环境清洁、政纪清洁、营商关系清洁、社会风气清洁。很容易理解，与"清洁"同样重要的是"安全"。高质量的发展当然必须体现为更具安全性的发展，国家必须有能力将经济和社会风险控制在一定限度内，避免因风险失控而爆发危机。因此，实现高质量发展的一个关键是权衡自由与安全，没有自由就没有高质量的发展，而如果失去安全则一切发展成果都会化为乌有。所以，新时代经济发展战略和政策安排的一个重大问题是要实现"宽松"与"管控"相协调的国家治理体系现代化。可见，高质量发展的经济社会质态，不仅体现在经济领域，而且体现在更广泛的社会、政治和文化等领域。公平正义，是高质量发展的内在要求。以公平促进效率，以高效率实现包容性发展，才是真正的高质量发展。讨论公平正义超出了本文论题的范围，但指出高质量发展对公平正义的要求，却是不可遗漏的告诫。因为，如果失去公平正义，就根本谈不上发展质量，可以说，公平正义是高质量发展的基本底线，包容性是高质量发展不可或缺的本质特征之一。

发展质量的高低，最终是以经济发展能否满足人民日益增长的美好生活需要为判断准则的，而美好生活需要绝不仅仅是单纯的物质性要求，而是越来越多地表现为人的全面发展的要求。习近平总书记在党的十九大报告中明确指出："我国稳定解决了十几亿人的温饱问题，总体上实现小康，不久将全面建成小康社会，人民美好生活需要日益广泛，不仅对物质文化生活提出了更高要求，而且在民主、法治、公平、正义、安全、环境等方面的要求日益增长。"所以，高质量的发展必须体现在人民美好生活需要的各个方面都能得到满足上，而且人们美好生活需要不仅是多方面的，更是"日益增长"的。经济社会发展水平越高，人的能力也更全面化。高质量的发展从根本上说是为了满足人的能力全面发展的需要和要求。既然人及其能力的发展是趋向于全面和充分的，那么，实现高质量发展必然是一项覆盖社会全领域的伟大事业，而且是一个永远难以尽善尽美的永久持续过程。基本需求满足了，又必然有新的更高的需求产生，永远不会达到完全满足的终点，因此，必须有更高质量的发展，而这也正是高质量发展永无止境的动因。

从高速增长阶段转向高质量发展，是一个在理论上和实践上都具有极大难度的重大挑战和艰巨任务。理论上如何认识，实践上如何应对，都面临一系列新问题。高速增长是由市场经济所具有的无限追求交换价值的工具理性所主导的，具有强劲的动力，可以并且确实取得了巨大物质成就，但也可能付出相当大的代价。当高速增长转向具有多维性的高质量发展阶段，不再能够仅仅依赖于这种"单发"性动力机制，而必须实行具有全面性的战略，在各政策目标间进行权衡协调，以达到高质量发展的多维性合意目的，即满足人民日益增长的和多方面的美好生活需要。因此，与高速增长阶段主要以工具理性为动力的机制不同，高质量发展阶段必须有更具本真价值理性的新动力机制，即更自觉地主攻能够更直接体现人民向往目标和经济发展本真目的的发展战略目标。这种新动力机制的供给侧是创新引领，需求侧则是人民向往。而进一步的全面深化体制改革以及实现国家治理体系和治理能力现代化，正是要形成和强化能够推动高质量发展的新动力机制。从根本上说，这种新动力机制的内在要求就是市场经济工具理性与经济发展本真理性的有效契合。

高质量发展的
经济学新思维

中国特色社会主义进入发展新时代，社会主要矛盾已经从人民日益增长的物质文化需要同落后的社会生产之间的矛盾，转化为人民日益增长的美好生活需要和不平衡不充分的发展之间的矛盾，对经济发展质量的关切日益超越对经济增长速度的关切。在新形势下，经济学需要为观察、研究和推进高质量发展提供理论基础和方法论工具。

一、关于经济行为和发展动能的新思维

人类从事经济活动的目的是什么？这似乎是个再简单不过的问题，其实不然。对这一问题的回答涉及如何认识人类历史发展不同阶段的本质差别，马克思的唯物史观以不同的社会经济形态加以区分。人类经济活动最初的动因是以简单而直接的方式，获取有助于自身生存和种群繁衍的生活必需物品。从采集、狩猎、捕捞到种植、饲养，以至进行各种形式的手工制造劳动，把原先"无用"之自然转化（加工）为可供消费使用之产出品，通过物质生活的生产，首先解决人类生存最必需的吃穿住问题。这样的经济活动尽管符合人类进行物质生产活动的本真目的，即获取供生活消费的有用之物，但其经济动能却是十分有限的，生产效率也很低下。在生产活动能力范围十分狭隘的自然经济历史条件下，个人无法脱离共同体而独立生存，人类自主活动的发展尚处于马克思所说的三大形态最初的"人的依赖关系"阶段。随着生产力发展的一定进步，人类发现，相互进行有用物品之间的交换（W—W），可以提高有用物品的可得性和劳动成效，因为这使劳动分工成为可能。在劳动分工和交换关系进一步发展的基础上，以货币为媒介的商品交换行为（W—G—W），成为被广泛采用的市场交换关系。这里用马克思采用的符号

表达，W代表商品（有用品），G代表货币。此时，经济活动的动因仍然具有朴素理性主导的特征，即在自然经济的基础上，生产者之间各自剩余产品的交换仍以换取有用品进行生活消费为动机，以便直接满足物质生活生产自身的需要。但如马克思所论述的，W—G—W简单商品流通的普遍发展，会导致社会经济关系的质变，转向G—W—G′资本流通方式的动力机制，原先以获取使用价值为目的的行为方式和经济运行机制，转变为以获取更多的交换价值（即货币资本G′）为目的的行为方式和经济运行机制，以这样的生产和交换关系为主导的社会经济形态就是资本主义经济。马克思指出，资本主义生产方式是"以交换价值为基础的生产方式"，同时又是"以资本为基础的生产方式"，"剩余价值的生产是生产的直接目的和决定动机"。这样，经济活动的朴素理性机制，就转变为以工具理性为主导的动力机制，经济活动的直接行为目标不再是其本真目的，而是无休止地追求工具目标G′，即资本价值的不断增殖，表现为对货币资本增殖积累孜孜不懈地追求。于是，经济活动手段和目的的关系反转了。同时，劳动"表现为手段"，"也是自主活动的否定形式"。

显然，与以前的朴素理性相比，以工具理性主导的经济机制具有强大得多的动力。因为前者的行为目标量（满足对有用物的需要）是有限的，使用价值也不宜长期储存，而后者的目标值（货币量）则可以无限积累。这就导致了一个影响极为深远的社会历史后果：经济活动行为目标的转变，使得"贪婪"之心登上了人类发展舞台，并成为其核心"动能"的心理缘由（亚当·斯密称之为"人类本性的欺骗"）。这样的行为目标机制尽管动力非常强劲，但也正因为如此而可能"令人痴迷"，并产生人类发展中的"认知俘获"现象，导致对经济发展本性的认识扭曲。马克思称之为社会的"异化"现象，或"商品拜物教""货币拜物教""资本拜物教"的性质。这样的"认知俘获"致使人们倾向于极为亢奋甚至疯狂地追求交换价值量，即使它只不过是信用货币体系中的符号"数字"。在无止境地追求货币财富积累的贪婪动机驱使下，不生产任何真实使用价值的"虚拟资本"急剧膨胀，以至产生奇特的"理性的非理性"和"非理性繁荣"现象。如果用符号表达就是：G—G′—G″。

正是在这样的现实条件下，经济学思维严重倾向于工具理性主导，不仅畸形偏重追求交换价值（货币）的经济行为，而且尽力舍象所有难以用货币计量的物质生产生活因素。经济学的这种思维特征并非完全是人类认识的"误解"或"无知"，而是上述历史条件的必然产物，不是心里不明白，而是身不由己。作为商品货币拜物教的意识，这样的经济学思维把所有被市场"原子化"的个人，都视为"理性"的"经济人"，以这样假设的经济学基本理论为依据，反过来进一步塑造现实经济状况，发挥经济思维的"教化"作用。精于算计的自利行为（精致的个人利己主义），追求货币财富的最大化，被认为是"正常人"的行为，是"天经地义"的人类本性。被"俘获"的认知以及由其主导的普遍性经济行为倾向，同现实经济运行过程高度"纠缠"，相互推动，双向强化，使得作为人类经济发展目的的本真性，与作为目的之手段的工具性的关系完全反转颠倒。

马克思的政治经济学研究从世界历史时代演变的高度，深刻揭示了经济发展的本真性与工具理性关系颠倒而导致的社会形态结果。他将这种历史性的颠倒界定为人类社会发展的一个必经阶段——"资本主义生产方式"或"资产阶级社会"时代。这实际上就是上述马克思三大社会形态中"以物的依赖性为基础的人的独立性"第二阶段。在这样的社会形态中，人被物所统治，人为货币财富的积累所役使，原本作为W—G—W简单商品流通转瞬即逝中介的货币，成了整个商品世界至高无上的上帝。由于人类尚未进入马克思预见的生产力高度发达、物质产品极大丰富的共产主义社会，马克思的人类发展三大社会形态理论关于从第二阶段向第三阶段演进的进一步展开，受到历史条件的限制，把走向未来新社会实际发展状况的研究留给了后人。马克思只是科学地预言，资本主义市场经济的基本经济规律（剩余价值规律）终将让位于以时间节约为首要规律的人的自主活动，沿着本真理性主导的人类社会发展，未来新社会将是"个人全面发展"的"自由人联合体"。

今天，工业化的巨大成就和世界经济的高度现代化，特别是中国特色社会主义市场经济的发展，正在创造一定的条件，逐渐拨开迷雾，启蒙明智，使经济学摆脱导致经济发展本真性扭曲的"认知俘获"成为可能。我们致力于经济高质量发展的研究，就体现了关于人类经济发展新动能之理性思维的进步趋向。在新时代的中国，人们和社会将更理智地认识和对待市场经济发展中社会使用价值与交换价值之间的关系，在各种体现了社会使用价值和交换价值的发展目标中，进行适当的权衡，以提高发展的平衡性和满足的充分性。人们对经济发展的认识和思维方式将发生重大改变，在经济发展取得历史性成就的基础上，以更为科学理性的精神，反思在以"物的依赖性"为基础的经济发展中，马克思揭示的劳动二重性、商品二因素及其相互关系，拨正人类发展走向升华的方向，明智选择能使日的得以实现的更好于段。

从理论上说，这实际上就是在经济发展达到一定高度，告别"落后的生产力"状态之后，社会开始进入本真复兴的新时代，表现为市场经济的工具理性同人类本真理性逐渐形成"平权"的均衡态，而且本真理性将不断取得更大优势。这体现了经济发展的自觉性对自发性日益增强的驾驭能力，踏上如马克思所说从"必然"王国走向"自由"王国的历史征程。从经济发展动能机制的基本特征来观察，可以看到，以工具理性为主导，虽然动力强劲，且仍具有历史必然性，但却可能迷失方向，人类曾竭尽全力追求"黄金时代"，却未料落入了"镀金"陷阱。坚持本真理性就是要力求体现经济发展对人类活动自主发展的真实社会意义，由此引领的新动能将从根本动机和激励机理上把握经济发展的正确航向，在新时代真正走向"自由"之路。

以人民为中心推动经济发展新旧动能转换的新思维，实质上就是要坚持以本真理性驾驭工具理性的科学精神，努力形成和有效发挥具有方向自觉性和激励有效性的经济发展动能机理。这是经济高质量发展的动力论新思维。

二、关于工具理性与价值目标的新思维

以上讨论涉及马克思人类发展在"物的依赖性"第二阶段为"个人全面发展"第三阶段创造历史条件的问题。从发展动能来看，这也就是人类从盲目的动能，向具有方向自觉性的动能转变的长期历史发展过程。在新时代中国特色社会主义市场经济体系中，工具理性仍将是实现本真理性的重要动力，但不应再是天马行空式独来独往的盲目力量。以

人民为中心的经济发展，不仅需要且能够获得新动能，更能体现满足人民美好生活需要的本真性目的。这就需要进一步研究，在新时代中国经济高质量发展进程中，如何处理好以交换价值主导的工具理性与以质量关切为主导的本真理性之间的关系。由于经济发展水平以及传统经济理念的局限，加之经济学对"精确""严密""逻辑自洽"的追求，西方主流经济学越来越具有高度形式化、数学化的特征。工具理性主义因而成为西方经济学最值得"骄傲"的特征，经济学也因此被誉为社会科学"皇冠上的明珠"。诚然，工具理性对于经济学的方法论具有相当的重要性，经济学研究的形式化、数学化并非没有价值和学术意义，它的确可以增强经济学表达和分析推断的逻辑严密性。但是，如果以工具理性替代、掩盖甚至排斥人类经济活动的本真价值，或者因追求形式化、数学化而使经济学远离现实，在"象牙塔"的黑板上自娱自乐、自我欣赏，就会使经济学失去科学的解释力和预测力，甚至误入歧途，迷失方向。如果以这样的经济学思维方式作为现实经济发展的指导理念，就会走向盲目追求工具性目标（如人均收入、GDP等）的方向，而忽视难以直接用货币数量指标来显示的本真价值目标（如生态环境、人民幸福、社会公平等）。可见，新时代中国的经济发展新思维应体现为：工具理性不失本真价值，形式化（数学化）方法不失实质性内涵。

借用马克思所采用的符号，这样的新思维可以用公式简洁地表示为：W—（G—W—G′）—W′。其中，G—W—G′体现了市场经济的工具理性过程，即追求经济价值和高效率仍是内在的动因机理，但这种工具理性机理必须服务于并最终体现为更高质量的社会使用价值质态W′的创造，以满足人民日益增长的美好生活需要。遵循这一新思维逻辑，经济发展如何形成新理念，形成新的指导思想及实现方式，使具有工具理性的经济机制不失其本真价值的主导方向，使形式化、数学化的指标追求不失其实质性内涵，让增长指标能够最大限度地体现社会使用价值质量和结构的提升，不断满足人民对美好生活的向往，便是一个需要付出极大努力才能完成的重要理论课题。

我们可以作一个形象的比喻。以工具理性为主导的思维方式，相当于独眼看世界，即闭上观察社会使用价值对人类自主发展具有直接有用性（实际上是经济发展的本真性目的和要求）的一只眼，而睁大观察交换价值（以货币计量的"最大化"目标）的另一只眼（因为在现实中商品的"价值"是无法看见的）。新时代中国的思维方式需要转变为越来越关切社会使用价值的重要性。工具理性与本真价值理性进入"平权"状态，相当于睁开双眼看世界，既要关切社会使用价值也要关切交换价值，而且力求二者实现平衡性和充分性。"不平衡不充分的发展"是必须特别关注的新时代中国主要矛盾的主要方面。独眼看世界有时可能感觉很"准确""精道"，其实往往忽视了真实世界复杂的立体性、多维性和丰富性。只有双眼看世界，才能观察得更真切，既发挥工具理性注重效率、速度、效益等优势，又能把握经济行为之人民主体性的本真目标，不迷失生产满足人民真实需要的正确目的。例如，"房子是用来住的，不是用来炒的"；"既要金山银山，也要绿水青山""绿水青山就是金山银山"；如果为了金山银山而要破坏绿水青山，那么，"宁要绿水青山，不要金山银山"；长江经济带的发展，"不要大开发，而要大保护"……习近平总书记对经济发展所提出的一系列原则观念，都体现了经济高质量发展的新思维，是双眼看世界新思维方式的真切体现。如果说在政治思维上要强调"不忘初心、牢记使命"，那么，在经济思维上则要提倡"不忘本真、关切质量"。这是经济高质量发展的价值论新思维。

三、关于经济主体及主体需要的新思维

当我们讨论到以社会使用价值质态所体现的经济质量，以及"满足人民需要"为经济发展的本真目标和现实动因时，就触及了传统经济学一个极大的软肋。众所周知，马克思的政治经济学批判地吸取了资产阶级古典经济学的合理成分，将劳动二重性和商品二因素作为其劳动价值理论的基础，并贯穿于马克思政治经济学体系之始终。而资产阶级庸俗经济学回避对交换价值物质承担者的使用价值研究，将体现交换价值含义的货币财富积累作为核心概念（他们根本不懂价值与交换价值之间的关系）。美国经济学家欧文·费雪说："'财富'一词用来表示为人类所有的有形物件（或实物）。根据这一定义，某一物件若要成为财富，只需要满足两个条件：第一，它必须是有形的（material）；第二，它必定是有主的（owned）。也有人加入了第三个条件——它必须是有用的（useful）。不过，尽管有用性的确是财富的一个本质属性，但谈不上有什么特别之处，有用性隐含于占有特征之中，放在定义中略显多余，故而可以删去不表。"他认为，"拥有财富就是有使用权"，所以，经济学不必关注使用价值，只要将使用价值视为财富所提供的"服务"即"效用"就可以。这样的简化或抽象即使在一定的经济发展阶段也许可以接受，但毕竟具有极大的局限性。第一，认定拥有财富就是拥有使用权，拥有使用权就等同于实际对它们的使用或真实

享用，这与实际情况不符。许多情况下，拥有使用权未必就实际使用或真实享用，有用物（产品）的"过剩""闲置""浪费""损坏"等现象常常发生。马克思说："机器不在劳动过程中使用就没有用，就是废铁和废木。不仅如此，它还会遭受自然力的破坏性的作用、也就是发生一般的物质变换，铁会生锈，木会腐朽。"第二，反之也普遍存在以下现象。许多人在对有用之物并未拥有产权的情况下却可以实际使用，对有用物的实际享用未必以私有财产权为条件，如许多公共场所、基础设施等都是如此。又如，许多产品（物质财富）在一定的集体成员中是可以或总是共享的，一些产品（物质财富）在一定的社区范围内人人可以享用，而自然生态环境则更是大众共享的自然财富。所以，用财产权替代使用权、将占有等同于享用，是传统经济学脱离现实的独断性假定。按照这样的思维定式，将所有的享用都认定为权属性消费（拥有所有权或支付货币才能消费），极可能产生或诱致严重忽视非财产权属性的社会使用价值（如生态环境）以及扭曲各种非权属性供需关系（如公共卫生、基本医疗）的行为倾向，更使得经济活动内在的、且为人类发展追求的福利"共享"性失去基础。而马克思的逻辑截然不同，人类发展第二阶段为第三阶段创造的条件表现为社会化的高度发展，它们"形成普遍的社会物质交换、全面的关系、多方面的需要以及全面的能力的体系"。沿着马克思人类自主活动全面发展的思维逻辑，社会财富观将发生根本性变化。

与上述财富观直接相关并更为重要的是，西方主流经济学假定只存在个人主体，不存在"人民"这一行为主体，主张财产权只能以个人定义（私人拥有）。因为产权必然意味着一些人排斥另一些人的权利，如果主张所有人都拥有的产权，就相当于没有产权定义的边界。他们认为，在经济学中，人民是无法定义其主体产权的，即使将人民算作经济主体，最多也只属于"没有感觉"的主体，而没有感觉的经济主体均不是真实的利益主体，最多只能算是"虚构的主体"。据此推断，企业也是虚构的利益主体，即没有感觉的法人。按照他们的思维方式，真正有实质意义的仅限于关于个人（私人）效用（福利）的判断，不存在关于人民亨有的使用价值和效用（福利）的判断。他们认为，所谓人民利益的决断不过是以一定议决程序作出的"公共选择"，公共选择的结果并不代表人民的真实福利（集体利益），不过是达成了不同个人、不同利益诉求的妥协，并非真实存在的集体利益，服从一定程序而勉强达成的公共认可，若采取另一套公共选择程序，就会得到公共妥协认可的另一种结果。

以上述思维来认识和引领经济发展，显然是十分狭隘和非常不恰当的。在现实中，财产权与使用价值的关系有着各种复杂情况。舍象了使用价值因素（将使用价值完全归为或消失于个人占有权），实际上也就舍象了人类经济活动真实主体的本真性，绝非明智之举。特别是当中国特色社会主义进入新时代，一方面个人所需要的有用产品（包括服务产品）越来越丰富多样；另一方面，众多个人并非必须通过获得私人财产权来获得相关社会使用价值权益（使用或享用权）的情况越来越普遍，如优良的生态环境、各种公共设施和公共服务等。各种各样产品的社会使用价值形态和质量特性，以及由此产生的生产、消费及供求关系，将表现出越来越丰富的多样化趋势，亟待以新的思维和理念来引领新时代经济发展，尤其要以供给侧结构性改革来优化产品供给机制，提供更多具有高质量社会使用价值的产品和服务。

更大的理论挑战其实是以怎样的新思维和理论严谨性，界定作为真实经济主体的人民以及如何使由此确定的人民主体的需要及向往得到满足。不同的个人需要及满足与人民需要及满足之间又有何等关系或关联。在现实中，"所有人都拥有的产权或享有的权利"并非悖论，人民完全可以成为真实的集体利益主体。当人民利益的整体或局部受损时，其中的群体或个体的感受不仅是真切的，而且可以且必然迅速传递给作为人民成员的众多群体个体。例如，气候条件及变化影响着所有人的整体和个体利益。当人民作为利益主体时，一些成员的严重受损，就会被感受为人民的整体受损。即人民主体的损益感受，往往会表现为一个不能少的局部—整体关联性特征。这一特征显著不同于传统经济学以原子型个人主体或黑箱型企业主体为假设前提的理论逻辑，也不同于传统福利经济学所假定的微观经济主体间绝对个人主义的福利评价原则。所以，以人民主体的新思维推进经济高质量发展，整个社会所提供的各类产品的社会使用价值质量状态及结构特征，经济主体的福利评价以及相关体制机制和政策的安排等，都是经济学必须着力研究的重大问题。这就是经济高质量发展应有的主体论新思维。

四、关于结构性和精准性的方法论新思维

从上述关于人民作为经济主体的思维逻辑中，必然推导出关于经济发展目标函数的新思维。新时代中国经济发展所要达到的目标，具有更加体现质量特征的复杂性质，特别是质量感受主体不仅有众多个体，还存在"局部—整体"结构性关系上的"全体人民"。因此，着力形

成"结构性"和"精准性"的新思维，是经济高质量发展新时代重要的方法论要求。这意味着经济高质量发展阶段将体现为经济活动必须摆脱经济发展过程物支配人的拜物教性质，物的创造不应是为物而物（为生产而生产），而是为了人民需要的满意和生活幸福。经济发展的指向不再是物质财富本身，而是物质财富满足人民需要程度的本真价值，必须洞察经济结构对人的全面发展的实质意义，而不仅仅以堆砌甚至闲置的物质财富量论英雄，更不应以炒作倒卖金融财富为荣。

众所周知，传统经济学主要着力在理性经济人的假设前提下，观察和研究微观经济和宏观经济两个层面的现象及其关系。微观经济学主要研究微观主体的行为及其相互关系，以个量及个别价格的局部均衡为主要变量和工具，设置函数关系。宏观经济学主要研究经济总量均衡，以总量（宏观）指标为分析工具及数量目标。这两类经济学的主体框架都假设市场能够出清，因而尽可能地回避结构性问题。但是，当我们关注经济发展的质量问题，特别是考虑到具有"局部—整体"结构性关系的"全体人民"主体时，经济体及经济运行中的结构性现象和问题恰恰成为关注焦点。在现实中，弥补结构性缺陷、消除结构性失衡现象，往往成为解决经济高质量发展问题的主攻方向。中央政府尤其把实施阶段性的"补短板"战略，作为整体提升发展质量的重要举措，通常称为"木桶原理"。由于木桶的总体质量（盛水量）是由它最短的一块木板决定的，所以集中全力专注于改善木桶的最短板，就成为提高木桶质量（盛水量）的战略重点。当前中国确定的化解重大风险，如金融风险、精准脱贫、污染防治三大攻坚战，就是采取"补短板"的非一般均衡常规战略，体现了经济发展新思维的重大实践举措。这三大攻坚战，针对的就是当前影响发展质量的最短板或最严重隐患，聚焦于人民主体的重大利益关切。

在传统经济学研究方法中，对结构性和精准性问题的关注是一个明显的薄弱环节。一方面，其倾向于断定市场经济的竞争机制可以像一只"看不见的手"那样，有效地使经济运行保持均衡，因而无须特别关注经济结构中的短板现象和矛盾，也就难以想象（或不必）应当采取精准性的非常规应对举措，解决已经发生或将要发生的结构性矛盾。另一方面，如果要采取什么结构性的政策举措，又往往落入传统计划经济的思维方式，使政府对经济运行的干预损害"市场在资源配置中发挥决定性作用"的机制，因而难以找到"更好发挥政府作用"的有效方式。而无论是市场调节还是政府干预，传统经济学因迷信无处不在的虚假一般均衡论，完全舍象了经济主体存在的内部结构关系，使之成为不知所以然的"黑箱"，或者认为那不是人的理性及信息处理能力所能解决的问题，只能留给"看不见的手"即市场机制来盲目地碰对。这种漠视对于发展中经济体跨越必然不断遭遇的结构性障碍尤为致命。

因此，关注"结构性失衡"，达到经济对策的"精准性"要求，是推进和实现经济高质量发展所必须具备的重要新思维方式，也是转向经济高质量发展阶段后，经济学研究的创新发展需要突破的一个重要难题，这样的复杂性研究亦是当代经济学发展中具有根本性变革意义的思维更新要求。以往的微观经济学，只是假定市场稳定器能够自动实现"精准性"的供求均衡；宏观经济学，也假定即使市场没有达到完全"出清"，所影响的总量失衡也是暂时的"赤字"，回归均衡只是时间问题，不必考虑或担忧市场机制能否"精准性"地调节基于使用价值的具体产品或要素的供求平衡关系问题。尽管经济学运用了高深复杂的数学方法和模型，以局部均衡或一般均衡的函数关系为主要方法，但这样的"黑板经济学"对于解决实际经济发展中动态的"结构性"和"精准性"问题，总是力所不及，实为以"精准性"的学术形式和数理表达，掩盖精准性应对真实问题的无能为力。因此，中国经济进入高质量发展阶段，为精准解决现实经济发展中迫切的结构性问题，经济学亟待以新思维引领的更大努力，取得学术研究的新进展和新突破。

研究的困难在于过去当经济发展处于高速度增长阶段，经济行为的目标比较单纯，甚至可以由唯一的重要指标如GDP增长率进行较简单的观察和评价；而当经济发展进入高质量发展阶段，质量的多维性及一些方面的非量化性，使得"精准性"思维可能遭遇同实际现象具有模糊性特征的矛盾。例如，个人或地区的贫困特别是贫困的感受程度，就是一个具有模糊性的概念，但实施有效的扶贫行动，却必须具有精准性，否则脱贫成效就难以落地，甚至可能南辕北辙。再如，防范化解风险，也是一个具有模糊性的概念，"风险"就是不确定性，而消除所有风险和不确定性是无法企及的，也没有必要。因此，防范化解风险的举措必须有复杂性思维下的精准性，体现结构性的多样态，否则就可能无的放矢，盲目治理，难见成效。兼备结构性和精准性的复杂性思维，是一个重要的方法论和实践性问题。

在实践中，结构性和精准性思维往往表现为"底线思维"方法，把守住底线、在底线环节上着力，以此作为解决全局性问题的关键。习近平强调的"突出抓重点、补短板、强弱项，特别是要坚决打好防范化解重大风险、精准脱贫、污染防治的攻坚战"，就是当前中国经济发展中底线思维的战略重点。取得全面建成小康社会三大攻坚战的胜利，经济发展的总体态势就将全盘皆活，可以在稳中求进的基础上，显著提升中国经济发展的总体质量水平，并拓展未来发展的巨大空间。这是体现了经济高质量发展的方法论新思维。

五、基于新发展理念的策略法则新思维

从一定意义上说，经济学是关于人类经济行为中进行选择决策的学问，更确切地说，是关于选择经济决策所基于的人与人之间生产关系的学说。在这一意义上，经济发展理念归根到底是关于选择决策的基本思路原则。按照西方主流经济学的思维，主要有两类选择决策问题。一是微观经济主体的"自由选择"，二是关于集体决策的"公共选择"。这两类选择决策都基于个体利益，超越个体利益之上的集体利益选择决策，归根结底只是基于个人对自己福利（私利）的感受和判断。对于经济主体设定的这种思维定式，阻碍了对经济高质量发展的深入认识。这种以绝对个人主义为基础的经济选择思维，更难以应对诸多政策目标的选择和排序优先问题。如前所述，经济高速度增长阶段追求的目标相对单一，战略和政策目标的确定和决策相对简单，尽管宏观经济调控也有多个政策目标，也需要进行一定的权衡取舍。当然，即使在经济较落后的发展阶段，也往往会更倾向于实行结构性的产业政策，但从其政策目标的性质上看，所追求的实际上仍然主要是"高速度增长"这一相对单一的主导性目标，压倒性地以高速赶超作为最基本的政策取向。工具性目标终归是主要关切点，经济增长率总被视作可以"一白遮百丑"的指标。进入经济高质量发展阶段，情况发生了变化。高质量发展含义的多

维性体现为政策目标的多元化，多元化是高质量的本质特征。其中不仅有工具性目标，而且有更重要的本真性价值目标。因此，新时代中国不仅在国民经济总体发展上，而且在经济体系的各个层面和领域，都会要求进行提升发展质量的策略权衡，在各项多元政策目标间进行选择，尤其是进行复杂的协调性优化。传统的个体自由选择和公共选择思维和方法，不能适应这样的新形势，需要一种以人民为集合性主体（集体）进行"协调选择"的新思维和新方法论，以实现集体性的共享为根本目标。共享的主体是全体人民，人民利益整体与局部的受损或获益需要在实践中反复权衡，在协调中作出战略性选择决策。人民主体的共享抉择，同个体自由选择及公共选择具有显著差别。无论在时间还是在空间上，社会主义制度的国家对人民主体的利益目标和选择行为的确定与协调，都根本不同于西方经济学思维的判断原则和优化准则。人民主体可以有"百年大计、千年大计"的目标眼界，而其他利益主体和公共选择不会有这样的理性。人民主体可以有"人类命运共同体"利益的包容性，其他利益主体和公共选择也不会有这样的理性。

正是从人民利益出发，才能奠定经济发展新理念的逻辑基础，形成经济高质量发展的新思维。习近平总书记在党的十九大报告中指出，"发展是解决我国一切问题的基础和关键，发展必须是科学发展，必须坚定不移贯彻创新、协调、绿色、开放、共享的发展理念"。这一新发展理念强调的创新引领、统筹协调、绿色环保、扩大开放，归根到底是要实现人民对发展成果的共享。共享的实质如前所述，就是关于人民主体整体和局部利益的权衡和多元政策目标的协调优化选择。这样的政策选择决策，必须遵循基于新思维方式而确立的新时代经济高质量发展的战略理念。中国新时代发展战略理念，一方面继承了中国改革开放40多年来的成功实践形成的正确理念，特别是解放思想、改革开放和"发展是硬道理"的原则；另一方面也总结了以往的经验教训，纠正偏差，与时俱进地提出未来发展所要遵循的战略原则和基本行为法则，不再以追求增长速度为唯一压倒性目标，更加注重体现本真价值的重要策略目标，使经济发展更具有方向、路径、方式和模式的科学合理性。这一新的发展战略理念和策略原则，系统和深刻地体现了高质量发展的经济学思维，表现在动力论、价值论、主体论及方法论上的重大创新或积极创新意向。在此基础上要进一步研究基于新发展理念确定的战略原则，如何具体化为期望实现的现实目标以及因此遵循的行为法则。习近平总书记在党的十九大报告中指出："解放和发展社会生产力，是社会主义的本质要求。我们要激发全社会创造力和发展活力，努力实现更高质量、更有效率、更加公平、更可持续的发展。"这实际上就是指出了在新发展理念的指引下，新时代经济发展战略的着力方向和必须遵循的基本行为法则。

——"更高质量"体现价值理性原则。这是由经济发展的本真性质所决定的。如果背离高质量发展的目标和基本法则，经济发展就失去了根本意义。

——"更有效率"体现工具理性原则。在新时代中国，工具理性仍将发挥重要作用，但应更具有科学性。在工具理性的各个行为目标中，速度、规模、营利等目标集中体现为效率目标，其中的效率目标最接近于实现本真价值理性目标的要求。

——"更加公平"体现人民主体原则。人民作为集合性经济主体，其利益获得感集中体现为公平性。实现人民主体全体成员的普遍公平获益，才能最终达到人民总体福利目标。

——"更可持续"体现和谐永续原则。全面协调以及人与自然和谐共生是经济发展的长久性根本价值，据此可以实现经济发展进程中价值理性、工具理性及人民主体真实获益永续繁衍在新时代中国的历史统一。

可见，基于新发展理念的新思维，奠定了经济发展战略目标选择的决策原则，也是关于发展路径和模式创新的抉择原则。进一步说，这是构建经济发展体制机制和确定基本行为法则的主导原则。总之，战略、路径、模式、政策、体制、行为法则等，都是新理念新思维的显性化和具象化。从这一意义上可以说，经济高质量发展的推进和实现，取决于高质量发展经济学新思维的突破和传播，更取决于新思维在实践中的贯彻落实、全方位展现和不断的经验总结。

高质量发展的
供给侧分析新视角

　　2015 年12 月召开的中央经济工作会议提出，"稳定经济增长，要更加注重供给侧结构性改革"。并强调，这"是适应和引领经济发展新常态的重大创新，是适应国际金融危机发生后综合国力竞争新形势的主动选择，是适应我国经济发展新常态的必然要求"。将一个学术性意涵很强的概念引入政策话语体系，反映了中国经济当前面临问题的复杂性和深刻性。关于供给与需求关系的理论是经济学最基本和最核心的内容之一，也是经济学各学派间最具争议的学术立场之一。马克思主义经济学持生产（或生产力）决定论和需求约束论的基本立场，同时也对市场经济中的供求关系有极为深刻的理解和分析，以致成为其认识和批判资本主义经济制度并预言未来社会的理论基础。基于对供求关系基本理论的理解以及对当前中国经济发展及基本供求关系现实的判断，中央在强调供给侧结构性改革时，也未否定总需求管理的必要性，而是说"要在适度扩大总需求的同时"，更加注重供给侧改革。就当前政府经济政策的抉择和操作而言，深刻理解供求关系的理论逻辑和实施条件，把握好总需求调控与供给侧改革的关系，"两手并用"，双管齐下，才能取得有效结果。

一、为什么强调供给侧结构性改革

　　朴素地说，供给就是出售，需求则是购买。供给方为产品卖方，需求方为产品买方。供给方持有产品，需求方持有货币。在现代市场经济条件中，产品—货币关系高度发展并日益复杂化、系统化。从总体上观察，产品方和货币方都形成了非常庞大的体系，经济学可以将这个复杂系统大致归类描述为供给侧和需求侧。供给侧为产品侧，需求侧就是货币侧。前者是生产和提供产品的所有活动，即实体经济体系；后者是形成购买力的活动，即货币经济体系。其中最重要的是，在早期市场经济中，货币也是实体经济产出品，即主要是金银等贵金属。因此，古典经济学将货币定义为充当交换媒介的商品，马克思则认为货币是充当一般等价物的特殊商品。总之，那时货币体系的主体是同其他商品一样由劳动所生产的产品。但在现代市场经济中，情况发生了根本性变化，绝大多数货币不是由实体经济生产出来，而是由货币当局（通常是政府）和金融体系"创造"出来的，甚至被通俗地说成是由货币当局"印"出来的，过去叫"铸币"，现在叫"发行"。实际上，除了占少数的"基础货币"由货币当局供给之外，流通中的绝大多数货币是由金融机构，主要是商业银行通过储蓄—放贷活动所"创造"的，是信用关系的产物。于是，所谓"货币"演化为一个极为复杂的复合系统，而且具有很大程度的"虚拟"性，甚至可以脱离实体经济而自我"创新"发展。这样，甚至连经济学家都难以准确定义货币和精确计量经济体系中的货币量。因而对货币的统计不仅有M0、M1，还有M2、M3……如果需要，还可以统计M4、M5，以致更加广义的具有交易媒介功能或能够发挥"流动性"功能的"准货币""类货币"等。

由于存在这样的供求对应关系，所谓宏观经济供求平衡，就可以大致理解为供给系统所生产的产品总量同货币系统所形成的流动性总量间的均衡。据此可以设想，通过调控货币流通总量（流动性）来对产品生产即经济增长进行调控：当增长缓慢（失业率高）时，扩大流动性（实施货币宽松政策），刺激经济增长加速；当经济过热时，收缩流动性（实施货币紧缩政策），给经济降温。这就是以需求管理为主要内容的宏观经济学干预政策的基本原理，通常也称为凯恩斯主义宏观经济理论。由于在现代经济中货币已经失去了同(贵金属)生产的联系，经济体系中的货币量或流动性主要是由金融体系的信用活动所产生的"乘数效应"所创造的，所以，主要表现为"债务"量，特别是商业银行发放的贷款额。于是，从需求侧着力的经济刺激，即扩张货币，总是表现为形成更多的债务。所以，如果长期实行需求刺激政策，无节制的债务扩张超过一定的限度，不良债务和不良贷款的比重必然上升，积累越来越大的金融风险。这就是当前世界经济面临的现实。

2008 年爆发的金融危机，使人类历史上第一次全世界主要国家联手实行货币扩张政策，美国叫"量化宽松"，中国叫"扩大投资"。其实质都是扩张货币，加速债务增长(扩大政府债务、金融机构债务、企业债务，也叫加"杠杆")，也就是以加大流动性来"创造"需求，力图遏制"自由落体式"的经济下滑。这样的宏观需求管理政策在一定限度内可以起到经济调控的作用。但是，如果超出一定限度，不能适可而止，就必然导致供给方"产能过剩"和"库存积压"，因为与其对应的是大量增长的债务而不是有效需求。于是，有效需求仍然不足，而不良债务，特别是银行不良贷款，却越积越多。在此情况下，如果为了追求高速增长而继续通过扩张货币来刺激经济，就意味着不良债务与过剩产能及库存的不断轮番增加，无异于饮鸩止渴。统计数据显示，当前中国经济的总债务规模较大，因此，经济策略转向更加注重供给侧就是必然选择。即要通过去产能、去库存、去杠杆、降成本、补短板等措施，简政放权，消冗排毒，激活供给，轻装前进。

二、基于对市场失灵不同理解的政策主张

关于市场经济的研究主要集中于两个问题：第一，市场能够顺畅运行并实现资源有效配置吗？第二，政府与市场应是什么关系，政府要对市场进行干预吗？如果需要，那么，如何有效干预呢？第二个问题实际上是以第一个问题为基础的。如果认为市场万能并且完美无缺，就可以完全不需要政府干预，但现实中很少有国家存在这样的情况。即使在理论上主张市场经济近乎完美因而政府干预越少越好的自由主义经济学，当面对并非完美无缺的现实经济状况，也会主张政府应采取积极而强有力的政策举措，例如，信奉自由主义市场经济的英国撒切尔夫人时期的政府恰恰表现得政策手段十分强悍。

在美国，关于市场是否需要政府干预以及如何干预也有不同的认识，在不同时期有不同的社会意识倾向。起先美国人相信"除了受到收入分配和外部性的限制外，自由市场经济是我们实现的最好的世界。让所有人都'自由选择'，我们就能够拥有一个人间天堂"。而在19世纪下半叶到20世纪中叶，美国的主流意识转向认为"政府应当在诸多方面发挥作用"。到20世纪下半叶，里根在总统就职演说中有一句著名的话："在当前的危机中，政府并不是我们解决问题的救星，政府正是问题所在。"反映了那个时期的社会主流倾向。但是，也有学者指出，"政府正是问题所在"的说法"本身就是一种欺骗。它显得如此有吸引力是因为：那些宣扬类似'有坏事发生'的报纸比宣扬'一切都很顺利'的报纸要好卖得多。公众其实非常依赖政府项目的良好运作，这也是为什么新闻总是聚焦于政府没有尽职"。其实，市场"不仅仅有好的一面，还有其不完美的一面"，不能没有政府的参与。

从理论根源上说，政府之所以要实施经济治理和管控措施，是基于对市场失灵的认识：或者认为市场非万能，或者认为市场不完善。在古典经济学看来，除了为市场运行提供必要条件(例如保护产权、制定交易规则等)和生产某些公共产品之外，政府不必干预市场，市场经济自身可以实现供求均衡，达到资源有效配置。经济学家以市场供求的一般均衡或局部均衡理论，不断"论证"这一理论，即只要保证市场顺畅运行，就不会发生系统性的供求失衡现象，甚至有所谓"萨伊定律"。即19世纪法国自由主义古典经济学家让·巴蒂斯特·萨伊在阐释和拓展亚当·斯密的理论时，提出了众所周知的"供给创造自己的需求"论断，断定在自由市场经济条件下，一般不会发生供过于求即生产过剩现象。

让·巴蒂斯特·萨伊在讨论市场供求关系时说："常常听到各种产业冒险家声称，他们的困难不在生产中，而是在销售上。如果产品随时都有需求或市场，产品就永远不会缺乏。当商品的需求减少、销售困难、利润不丰的时候，他们就认为货币不足。"他认为，事情绝不是这样，而总是"生产为产品创造需求"。因为形成需求的手段就是其他人手中的货币，而货币也是"由同样是劳动、资本和土地的果实的其他产品构成"。也就是说，货币本身就是生产活动的产物，"贸易如果扩大到现有货币不能应付的程度，这正是好现象，恰如货物多到仓库容纳不下的程度是好现象一样""如果一种产品过剩没有销路，货币短缺一点也不会构成对其销售的阻碍"。因为，"一种产品从被生产出来那一刻起，就为价值完全与之相等的其他产品提供了销路。生产者在完成产品的最后一道加工之后，总是急于把产品卖出去。因为他害怕产品在自己手中丧失价值。他同样急于把出卖商品所得的货币花掉，因为货币的价值也容易消失。但摆脱手中货币唯一可行的方法就是用它购买一些产品。所以，仅仅一种产品的生产就为其他产品提供了销路"。仔细领会萨伊的思路就可以发现，其理论逻辑中的关键假设是：买卖双方都"不会要货币，也不需要货币，因为货币对于他们唯一的用处就是换取自己所需要的物品"，"货币在买卖双方交易中完成的只不过是瞬间的作用。当交易最后结束时，你就会发现，交易实际上永远是一种货物交换另一种货物"。因此，他断言，"除非存在某些激烈手段，除非发生某些特殊情况，如政治变动或自然灾害，或除非政府当局愚昧无知或贪婪无度，否则一种产品供应不足而另一种产品充斥过剩的现象绝不会永远存在……如果生产完全自由，一种生产很少超过其他生产，一种产品也很少会便宜到与其他产品价格不相称的程度"。

可见，所谓"萨伊定律"是以商品交换的效用价值原则为前提的，而其根基则是关于货币中性的假定。用马克思的话说，这实际上就是假定一切交易都只是W—G—W，即商品与商品的交换。如果做这样的假定，那么就如萨伊所说"货币其实只不过是媒介而已"，但人们却将其误解为"是一切交易的最终目的"了。问题是，萨伊的假设忽视了现实，在资本主义市场经济中，以积累物质财富为行为目标的社会精神成为社会主流意识。这种"囤积倾向"注入市场经济，就形成了普遍性社会心理：追求"源于占有的快乐"，而货币则成为财富象征（经济史上称为"重商主义"）。可见，货币并非只是一种没有效用价值的媒介，它本身确实可以成为人们追求的目标，所以，以货币增殖为目的的交易并不是一个"误解"，而是真正的现实，即如马克思系统论证的，在资本主义市场经济中，G—W—G'是普遍存在的事实，交易的目的确实就是追求货币形态的剩余价值。从这一意义上说，马克思是持货币非中性理论立场的。马克思正是基于这一理论基因论证了市场经济发生供给过剩的可能性，而在资本主义市场经济中则具有必然性。与古典经济学家和马克思经济学的理论所不同的是，现代经济中的货币同他们那个时代具有非常不同的形态，即货币已经不再主要是贵金属商品，货币主体部分是纸币和信用货币，而纸币和信用货币实际上只是一种对产品或财富的索取权。但是，人们对它仍然具有强烈的囤积偏好。

从其理论的学术根基来说，所谓"凯恩斯革命"也基本否定了货币中性假设。凯恩斯认为，货币绝不仅仅是对市场交易不发生实质性影响的媒介，似乎像是覆盖在经济活动之上的一层"面纱"，将其揭开，所看到的才是交易活动的真实，而货币"面纱"对真实经济没有实质影响。他认为，货币在经济活动中具有非中性的重要影响，这就非常可能导致发生以"有效需求不足"为特征的宏观经济失衡，即确实可能发生萨伊所否认的"货币不足"现象。

众所周知，跟马克思的经济危机理论不同，凯恩斯主要从需求侧观察市场失灵现象，据此提出以需求管理为基本内容的宏观经济理论。按照凯恩斯主义宏观经济学的逻辑，市场失灵主要体现为其功能性局限，即认为市场机制即使能够顺畅运行，也就是即使是在发展成熟而充分完善的市场体制中，仍然可能发生总体上的需求不足和非自愿性失业的不合意现象。因此，以需求管理为基本内容的宏观政策的基本特征是货币性、短期性和总量性的。即政策措施主要是货币面操作，包括调控货币供应和财政收支的松紧。调控时间是短期的，即"熨平"经济波动周期。调控目标和干预方式着力于总量指标：生产总量的增长率、就业率、物价总水平、进出口总量等。

但是，从供给侧观察市场失灵与从需求侧观察市场失灵的意涵则是很不同的。如果从供给侧观察，市场失灵主要是由于存在结构性的障碍，即因市场未能顺畅地运行而导致调节机制的系统性失效。因此，从供给侧着力的对策措施是实体性、长期性和结构性的。即主要是对实体经济层面的调整，着眼于实现长期效果。例如提高劳动生产率、增强经济活力、技术创新能力等。调控目标和干预方式主要着力于结构指标，例如化解特定产业的过剩产能（退出援助）、消化库存、促进产业结构升级等。由于供给侧对策基于认识到市场未能充分顺畅地运行，特别是看到市场体系和机制的不完善之处，所以更强调体制改革和结构政策调整。例如，20世纪八九十年代，为了应对因长期实行需求管理政策而导致的经济滞涨困境，英国和美国实施了著名的供给侧对策，通常称为"供给学派"主张。主要通过减税、控制政府规模、国有企业私有化、放松产业管制等对策，减少政府对市场的干预，维护自由企业制度，以期达到增强经济活力和产业竞争力的目标，从而摆脱滞涨困境，改善宏观经济状况。

所以，在西方国家的政策话语中，以需求管理为特征的宏观调控政策被理解为政府对经济的"干预"（称为"凯恩斯主义"）。而以"供给学派"为标志的供给侧对策被理解为减少政府对经济的干预，而让市场更顺畅地发挥调节功能。中国的对策表述为"供给侧结构性改革"，强调主要通过深化改革来解决所面临的问题。尽管中国的国情与美英不同，强调供给侧结构性改革并不等同于美英的"供给学派"主张，但在力图通过体制机制改革，激发微观主体活力和技术创新能力，更好地发挥市场机制在资源配置过程中的决定性作用上，具有一定的相似之处。

可见，一般来说，对于市场失灵，基于需求侧的观察，往往认定市场非万能，不能自发实现市场出清和合意均衡，因此，政府必须实施宏观需求管理政策进行干预。而基于供给侧的观察，往往认为市场不完善，现实体制缺陷（以及政府干预的扭曲效应）导致市场决定资源配置的功能难以发挥，因此政府必须大力推进结构性改革，完善市场机制。

三、推进供给侧改革应有科学思维

当前，中国着力推进供给侧结构性改革所要达到的紧迫目标有：一是"稳定经济增长"；二是"实现经济转型升级"。其中，"稳定经济增长"的含义是，希望不再是采取刺激性政策来扩张生产规模，而是要从实体经济深处激活新的增长动力，着力提高"潜在增长率"水平。而"实现经济转型升级"的含义则是希望逐步摆脱资源驱动和投资驱动，转向创新驱动的增长模式，使产业结构现代化、绿色化、高效化，产业升级体现创新、协调、绿色、开放、共享的新发展理念。因此，强调供给侧结构性改革，实质上就是主张以更高质量的供给机制来实现可持续的发展。

需要科学认识的是，所谓"供给侧"和"需求侧"，是经济学描述复杂经济现实所定义的概念，而任何经济学概念都不可能是绝对精确地对应于客观现实的，因为现实世界本身并无绝对的界限。所以，可以看到，同一类经济行为往往都会具有供需的双重含义。以通常认为是需求"三驾马车"之一的"投资"为例，对短期（本期）来说，"投资"是需求，表现为支出货币购买生产要素；而对长期（下期）来说，"投资"是供给，决定了生产能力和技术状况。其实，无论是需求侧对策还是供给侧对策，都得运用投资手段，只不过前者主要着眼于短期目标（应对经济波动），后者主要着眼于长期目标。

所谓"消费"也是如此。经济学定义的消费需求只是购买产品的瞬间，一旦支付了货币、完成了购买，进入实际消费过程，无论是生活消费还是生产消费，就都成为供给，即劳动力的生产和产品的生产。所以，在经济学的供求恒等式"消费+储蓄=消费+投资"中，"消费"既是供给也是需求。从一方面看，生产（供给）决定消费（需求），因为人们只能消费能够生产出的产品。但从另一方面看，消费（需求）也决定生产（供给），因为如果不能适合买方的需求，生产再多的产品也是过剩之物。所以，需求政策主要着眼于消费购买行为是有人买就好；供给政策主要着眼于实际消费过程是用得好才好。

在实施具体经济对策时，供给侧与需求侧更是难解难分。供给侧结构性改革固然是着眼和着力于实体经济，但也离不开货币经济。实际上，每一个供给行为（出售）都表现为对应的需求行为（购买），实体经济必须以货币金融为血脉。所以，推进供给侧结构性改革，总是需要从实体经济和货币金融两方面着手。实体经济的改革必须有金融体制改革相配合。如果金融不能有效发挥功能，为实体经济服务，实体经济的改革也难以有效推进。更重要的是，实施经济对策绝不可忽视宏观需求管理与供给侧改革的协调。供给侧结构性改革更关注经济转型升级，但经济转型升级是一个长期动态过程，而整个过程的每一时间段，都是不能略过的"短期"：长期是由短期组成的。如果短期过不去，也就达不到所期望的长期目标。所以，经济转型升级必须在一定的经济增长过程中实现，如果不能稳住一定的增长率，经济转型升级就没有支撑条件。反过来，如果不能实现经济转型升级，经济增长就不可持续，一味进行短期需求扩张也难以避免"硬着陆"和金融风险。

可见，在以交换为基本关系的市场经济中，一切经济行为和现象都是双面性的和对立统一的。有买就有卖，有收入就有支出，有债务就有债权，有供给就有需求。中国经历改革开放和经济高增长，现在已经进入了一个需要全面深化改革才能适应和引领新常态的新时代。需要开拓更大的经济策略运作空间，推进供给侧结构性改革，促进经济转型升级。但供给侧结构性改革同需求侧调控密切相连，供给侧结构性改革归根结底将体现在供给系统对于需求变化的更高弹性，即灵活反应能力。产能过剩和库存积压，本质上就是因供给弹性缺乏而无法实现市场出清，是供需关系矛盾的凸显。

供给和需求密切关系的最集中表现就是价格。价格是调节供求的重要参数。价格机制是否有效，决定着整个经济系统是否具有供给弹性和需求弹性，能否适时实现市场出清。所以供给侧结构性改革的核心内容之一就是要让价格机制更有效地发挥功能，无论是在实体经济方面还是货币经济方面都是如此。打破行政垄断和消除各种制度障碍，让所有的微观经济主体充分活跃起来，保证各类产品价格、要素价格以及利率、汇率等"资金价格"都能按市场经济规律形成并有效发挥作用，是发挥市场在资源配置中决定性作用，激发创新驱动力，促进经济转型升级的根本性和关键性改革。总之，推进供给侧结构性改革的要义是形成使市场更有效发挥资源配置决定性作用的体制机制。

四、通过供给侧改革改善需求管理的微观基础

以上的理论讨论得出的启示是：在运行顺畅的市场经济中，政府干预经济活动的主要方式之一是宏观需求管理，即主要通过货币政策和财政政策应对周期波动，保持宏观经济平稳增长和主要宏观经济指标的合意均衡。反过来说，只有在市场经济能够较顺畅运行的条件下，政府的宏观需求管理政策才可能取得有效的结果。也就是说，如果经济体制机制中存在严重的障碍和缺陷，市场无法有效地发挥资源配置的决定性作用，或者经济主体因体制不善而缺乏活力，尤其是如果受到政府的不适当干预而导致经济关系的扭曲，政府的宏观需求管理政策就难以发挥有效作用。20 世纪70 年代，美欧等发达市场经济国家都曾发生过宏观政策与微观基础不协调，甚至相互矛盾的情况，使得宏观经济政策失效，即发生经济衰退(失业率居高) 与通货膨胀并现的状况，使宏观政策左右为难。因此，在应对经济危机中，美欧等西方发达国家总是自觉或不自觉地在运用需求调控政策的同时，进行体制机制调整，以致采取更倾向于供给侧治理的所谓"供应学派"主张。

中国作为后发的市场经济国家，随着改革的推进和市场经济体制机制的逐步完善，政府管理经济的方式才可能从直接控制供应侧，逐步转向更多依赖宏观需求管理，即放开微观、调控宏观，让生产者有更大自主权，政府采用货币政策和财政政策的间接干预方式，保持宏观经济的大体平衡。

现在的问题是，由于许多方面的改革尚未完成，一些关键领域的改革进展缓慢，微观经济基础层面还存在许多不顺畅环节。此时，当产生

经济矛盾，经济过热或者过冷时，政府经济管理当局往往倾向于强烈操作和过度使用需求管理工具。特别是在经济下行时，误以为可以采用更大幅度的需求扩张政策来拉动经济增长，以此弥补实体经济尤其是供给面的弱势。这样的情况自2008年以来表现得尤其突出。尽管对于中国M2/GDP的比率为什么如此之高可以有不同的认识和解释，但中国经济增长对于货币量增长的高度依赖已是一个无疑的事实。这也表明，以宏观需求管理，即扩张货币刺激经济增长的政策"边际效应"已经越来越递减了。可以推断，如果实体经济面的供给侧改革不能取得更大成效，经济结构不能得到显著改善，中国宏观需求管理政策将因缺乏微观基础的支撑而效能不彰。

总之，宏观需求管理政策的有效性是以市场经济体制机制的完善和市场运行高度顺畅为前提的。从这个意义上说，当前中国提出更加注重供给侧结构性改革，并非否定宏观需求管理政策的必要性，也不是期望以政府对实体经济供给侧的直接干预来替代宏观需求管理政策。恰恰相反，推进供给侧结构性改革的目的之一就是要让市场经济体制更加完善，尤其是要克服导致供给侧严重结构性扭曲的政府不当干预，使宏观需求管理政策能够更有效地发挥对总体经济的调控功能，提高宏观需求管理的可行性和作用效力，不仅避免过大的周期波动，而且要保持中国经济长期健康的增长走势和实现经济社会发展的国家战略目标。其中当然也包括政府通过必要的市场管理和弥补市场无法自动实现的供给结构条件，例如基础设施建设、环境保护和社会保障等，来完善市场经济体的供给侧有效性。

五、以适当的需求调控为供给侧改革铺垫必要的景气条件

当特别强调供给侧结构性改革时，往往是由于宏观需求管理政策效力的减弱，以大众媒体上的形象比喻就是"大水漫灌式的货币投放"已无力刺激经济的回升。于是，不得不期望微观活力的释放和对失衡结构的调整。此时，政策抉择往往处于两难境地：如果采取需求扩张政策，给经济体"注水"，那么，由于供给侧的结构性体制性缺陷，放出的货币往往未流入决策当局所期望的实体经济领域，激发实体经济活力，拉动实体经济增长，反而事与愿违地出现"去实体经济"现象，例如大量货币进入房地产市场，推动房地产价格非正常上升。反之，如果严格控制货币扩张，实行从紧的货币政策和财政政策，则由于融资环境的恶劣而使实体经济的结构性调整和活力释放难以实现。而且，过度紧缩的政策可能导致通货紧缩现象，让经济陷于严重衰退。

要看到，供给侧结构性改革归根结底是由企业在一定的市场环境中能动地实现的，而不可能主要依靠政府的直接干预和政策运作来实现。但企业的经营情景往往是，当宏观经济景气度很高时，由于"赚钱容易"，企业虽有转型升级和技术创新的能力，但往往缺乏转型和创新动力；当宏观经济景气度很低时，由于企业经营困难，拼力"活下去"是当务之急，所以，尽管深切感受到转型升级与技术创新的必要性和迫切性，具有结构调整和转型升级的内在动力，但缺乏财务能力。而如果整个宏观经济处于衰退紧缩状态，大多数企业感觉调整升级力不从心，则政策当局所期望的推进供给侧结构性改革，也会遇到很大困难。

所以，政府经济政策的运作，实际上就是要创造一种让企业既有动

力也有能力进行结构调整和创新升级的经济环境。这主要体现为三方面的政策安排：第一，采取适当的宽松搭配的宏观需求管理政策，包括货币金融政策和财政税收政策，稳住经济增长速度，使之保持在一定的增长率区间，避免"硬着陆"，从而稳定和增强企业信心。第二，加快改革，扩大企业经营的自由度，减少政府不当干预和烦琐管制对经济活力的约束，最大限度增强生产和生活的便利性。只要企业生产和居民生活更便利，即使不考虑其可以产生的供给侧效应，仅就其产生的需求效应，也可以在短期内较快改善经济不景气状况。第三，对严重失衡而必须进行强力调整的结构性"淤结"，例如严重过剩的产能、库存等，采取"外科手术"式方式进行处置。当然，政府也应采取一定的援助方式，为"手术""止痛"。

总之，当前确有必要更加注重供给侧结构性改革，但也必须认识到，供给侧结构性改革是不可能单兵突进的。就经济管控和干预政策而言，宏观需求管理与供给侧改革并不是非此即彼的选择，而是两者搭配的"组合拳"。更何况，如前所述，需求与供给本无绝对分明的界限。尤其是在实际政策操作中，任何政策举措都会产生需求侧与供给侧两方面的效应。这就如同使用剪刀，其效应都是双方着力的结果。就推进供给侧结构性改革的现实过程而言，保持一定的宏观经济景气度是其必要的实施条件。所以，政府在强调注重供给侧结构性改革的同时，出台一定的宏观需求调控政策，避免经济增长失速，并不令人吃惊。当然，必须密切关注政策效应，为供给侧结构性改革铺垫必要景气条件的适度宽松政策同强烈经济刺激政策之间也没有绝对的界限。

　　实施总需求调控与推进供给侧改革是应对当前复杂经济形势、体现发挥市场在资源配置中的决定性作用和更好发挥政府作用的两种基本的对策方式。深刻理解市场过程以及政府与市场关系的理论逻辑，才能有效实施基于客观经济规律的对策方案，恰当使用可行的政策工具。既能应对短期矛盾，克服失衡障碍，保持平稳增长， 又能着眼长期目标，实现结构优化和可持续发展。

第四讲

高质量发展的
全球化意义

当越来越多社会制度和文化传统不同的国家，纷纷进入经济全球化的大世界，特别是当中国经济的崛起和持续增长，以其巨大的经济规模改变着经济全球化格局时，存在利益差别的各国能否避免重大冲突，以和平方式解决矛盾，协调关系，实现互利共赢的发展？理想的或可行的经济全球化和世界经济一体化，必然是或只可能是经济体系性质单一化的世界，还是可以呈现为多元化和多样性经济体共存的世界？可以说，这是一个"世纪之问"，对这一问题的回答，将成为中美之间的史诗性博弈。全球化所体现或要求的经济一体化，意味着各国经济的高度流动性，贸易畅通，投资交融，但并非各经济体会趋向于完全的同质化和同构化。中国所主张的"和而不同"应是世界格局演变的必然趋势，融而不同是经济全球化发展的可行方向。经济学要以新的范式视角观察经济全球化的新格局。中国经济同世界经济将进一步增强相互包容，这对中国和其他国家都是很有利的。正是这样，才可以说，"人类命运共同体"是经济全球化可以追求的目标。

一、经济全球化走到面对"世纪之问"的历史关头

经济全球化是资本主义市场经济长足发展的必然趋势。自两三百年前起，资本主义市场经济所推动的工业革命，从西欧、北美，进而向东亚各国不断推进，将越来越多的国家和地区卷入其中。可以说，由工业革命发力所推动的世界经济向全球化方向发展是一个顺之者昌、逆之者亡的大潮流。

当然，两三百年来，经济全球化推进的形态不尽相同，历经了若干个不同的阶段。从18世纪到20世纪中叶，工业国倚仗其强大国力和武

力占领落后国家，将后者变为自己的殖民地或势力范围，强制推行宗主国的经济制度，是资本主义市场经济实现全球化的主要方式。期间充满冲突、战争、侵略、掠夺、殖民、版图扩张，由此导致两次世界大战，人类为此付出巨大代价。

第二次世界大战之后，人类吸取以往的惨痛教训，努力以非战争非殖民的方式推进经济全球化。尽管从1945年二战结束到20世纪90年代，世界曾经分裂为两大并行板块——以苏联为首的社会主义国家阵营和以美国为首的资本主义国家阵营，总趋势是主要追求两大阵营内经济体系的一体化，而两大阵营之间则在很大程度上是经济相互脱钩的。自20世纪90年代苏联解体始，世界经济呈现以美国为"老大"的资本主义市场经济全球化的"一元化"态势。21世纪初，中国主动加入这一体系，即加入世界贸易组织（WTO）后，经济全球化格局显著呈现为向美国主导的经济一体化方向演化。以至于使人们相信，一个以自由竞争、自由贸易为基本特征的经济全球化世界就将出现。而在这个经济全球化世界，"正当"和"合理"的竞争行为只能是以经济主体同质化和规则一元化为普世性价值原则。有人甚至认为，人类的历史就此终结，即已经实现了其最为完美的状态，再没有比这更好的高级阶段。

不过，后来的现实同人们的想象有很大差别，以往那种把现代化想象为"西方化"的发展路径并不适应于其他许多国家，特别是东方大国——中国。百年以来，中国一直艰难地推进工业化以及处理同世界的关系。直到21世纪初，中国决定加入世界贸易组织，勇敢地投入这一具有显著"西方化"主导特征的自由贸易世界。当时，作为发展中国家，中国可以享受世界贸易组织所规定的给予发展中国家的某些过渡性优惠（减让）待遇，这实际上也是给予中国一些临时的适应性条件，为期15年。也就是说，期望在15年过渡期之后，中国可以符合世界贸易组织的一般市场经济国家条件，成为被正式承认的市场经济国家，中国为此做出了不懈努力。但15年过渡期结束之后，美国主导的世界贸易组织并没有给予中国正常的市场经济国家地位，仍然不承认中国已经是市场经济国家，其主要理由是，中国经济体系在许多方面不符合世界贸易组织所规定的一般市场经济条件。同时，美国认为，中国不可以再继续保持不符合市场经济的制度性质，否则就要对中国进行"制裁"或"惩罚"。为此，美国发起对中国的贸易战。美国所采用的手段是保护主义性质的，即主要是对中国向美国出口的商品征收惩罚性的进口关税。对此，中国必然采取对应措施。美国挑起贸易战，使得整个世界充满逆全球化的阴霾。人们担心，这种逆全球化现象可能严重阻碍经济全球化的进程。

上述问题的核心在于：中国改革开放是否必须符合美国所要求的条件，才能算是正确的方向呢？中国要成为市场经济国家，是否必须在所有主要方面都必须做到"同美国一样"呢？在中美贸易谈判的第一阶段协议中，关于"中国应……"的内容占了很大篇幅。可以说，协议中连篇累牍的"中国应……"是美国所强烈主张而中国也基本同意的关于经济全球化的"合理"规则和"正确"方向，在协议中，美国声称所有要求中国应该做到的，美国已经做到了。这就是美国所认定的经济一体化方向。不过，进一步的问题是在今后的博弈和谈判中，中美双方是否能够继续达成一致呢？

经济全球化当然意味着世界经济一体化，但如何理解经济一体化呢？问题的实质是：一体化的世界经济是否要求所有国家的经济体系都必须同质化，制度安排必须一致化？那么，如果不同质、不一致，是否就无法实现各国经济的公平竞争，因而无法实现经济一体化呢？在美国看来，按照主流观念，回答当然是肯定的。也就是说，如果中国实行独特的制度和政策安排，例如国有企业制度、国家产业政策、以特殊政策手段强制美国企业转让技术、政府对本国企业进行补贴、实行有选择的扶持政策、"以市场换技术"的技术进步鼓励政策等，就会使美国经济和企业处于不利的竞争地位。如果这样，美国就"吃亏"了。而要实现"公平"，就要求中国改变与美国不同的经济体制和政策安排，要有更多的"中国应……"的承诺，例如，中国应取消政府对企业的补贴，应降低关税，应减少国有企业或者取消能给予国有企业的特殊待遇，应开放更多的产业和经济领域，等等。简言之，就是要按美国经济的样子实现中美经济的同构性和同质性。美国一些人内心中根深蒂固的观念是认为，只有同质经济体之间的竞争才可能是公平的。如果不能做到同质，就要对中国进行"制裁""惩罚"，以加征关税的方式迫使中国就范。即使是作为临时性补偿，至少也要中国承诺购买更多的美国产品而减少中美贸易的巨大逆差。否则美国就在竞争中处于不公平地位，"吃亏"了。在他们心中，目前的美中经济关系，仍然是市场经济国家同非市场经济国家之间，即非同质性经济体之间的博弈，必须将其扭转为同质性的市场经济体之间的公平竞争关系，否则就"跟你没完"！

经济全球化已经走到了这样的历史关头，不能回避一个根本性问题：经济全球化所趋向的全方位市场化和经济一体化究竟意味着什么？同质性的经济体系、同构性的经济制度，是世界经济一体化和经济全球化的必要前提吗？可以说，这是人类发展进入更广泛深入的经济全球化时代所面临的一个"斯芬克斯之谜"：世界市场经济和经济全球化的格局和形态终将会如何？同两三百年来的经济全球化走势相比，会发生很大的改变吗？理想的或可行的经济全球化和世界经济一体化，必然是或只可能是经济体系性质单一化的世界，还是可以呈现为多元化和多样性经济体共存的世界？可以说，这是一个"世纪之问"，对这一问题的回答，将成为中美之间的史诗性博弈。

二、一体化意味着高度畅通交融而并非同质化和同构化

在人们以往的理解中，通常将经济全球化等同于经济一体化，或者将经济一体化视为全球化的必然趋势，即使是原本性质不同的国家，只要卷入经济全球化洪流，就都会成为所谓"经济一体化"中的竞争参与者。而经济一体化的竞争，将强制性导致所有参与者必须改变自己以适应竞争，否则就会被淘汰。这样的观念在一定意义上是符合逻辑的。但是，经济一体化以及参与者的适应性调整和变革，往往被理解为各国各地区经济主体性质及其行为的趋同化，直至同质化，即终会变得大家"都一样"。其推理逻辑是：经济一体化就是经济主体及其行为的理性化，而理性具有"优化"和"极化"特征，也就是说，追求经济利益（或财富、收入、利润）最大化，会成为所有经济主体经济动机的理性基础。既然经济机理最底层的逻辑是相同的，那么表现为经济主体的观念和行为也必然是趋同的，而只有这样，竞争才会是有效的，经济一体化才会是趋向于"最优"（即社会福利最大化）状态的。而且，只要竞争规则是公平的，"最优"倾向必然会战胜各种偏离最优的状态。按照

这样的思维，经济一体化就意味着观念的一元化，所以，在经济思维的底层逻辑上可以对人的行为趋向做一元化的假设，即认为理性的人都是"经济人"，行为目标相同，价值观无根本性差异。这样的一元化的理性经济人假设，必须基于人性的同质性，而人性的同质性必须基于所有制的同质性，因此，私有和理性就成为经济一体化以至全球化的"框定"前提。

对经济全球化和一体化的这种理解，似乎很"完美"，但仅仅存在于一些经济学理论的抽象模型中，而并不存在于现实中。现实世界的经济全球化和一体化，完全没有呈现出一元化的状态和趋势，相反，多元化和多样性才是世界的真实。有一些经济学家很早就指出了经济同质化的一元论观点的错误。例如，美国著名经济学弗兰克·奈特认为，"在人类和社会科学中，唯一可能正确的观念是多元论观点"。因为"没有一个社会是或应该是完全和纯粹竞争的。国家、法律和道德约束的作用永远是重要的。而且其他形式的组织，比如自愿合作，也是如此。最严格意义上的商业生活也不会符合理论上的经济人行为。历史的发展随着观点、态度和制度的进步而变化，资本主义的性质也在不断改革。事实上，在资本主义的最高峰到来之前，向其他形式的、主导类型的组织的进化就已经开始。这一社会进化大大超出了经济理论家的领域"。也就是说，在全球化趋势下的经济一体化，并不能消除世界经济的多元性和多样性。而且这种多元性和多样性，还不仅限于经济学所承认的"分工"性和发展的阶段性，而是承认由于受到价值文化和制度演进的长期深刻影响，不同国家、民族、地区人群的观念和行为具有内在的多元性和多样性。通俗地说，人跟人是不同的，人群跟人群是不同的，民族与民族是不同的，国家与国家也是不同的，所以，在经济全球化趋势下形成的经济一体化，意味着高度互通交融，但并非各国经济体系的同质化和同构化。

我们看到，在中美贸易谈判达成第一阶段协议后，美方也不得不承认，其实质是两个不同经济体系如何共存，而不是迫使中国成为像美国一样的经济体，尽管其"初心"确实是企图使中国变得跟美国一样，并认为只有那样才算是"合理"和"公平"的。

可见，全球化所体现或要求的经济一体化，意味着各国经济的高度流动性，贸易畅通，投资交融，但并非各经济体会趋向于完全的同质化和同构化。当然，要形成这样的共识绝非易事。在历史进程中，强势经济体会成为弱势经济体的模仿和学习对象，前者被认为"合理"，后者被认为是"不合理"，但曾经的弱势经济体却很难变成同强势经济体一样的性质和结构，即使是殖民、移民，也不可能做到。因为，经济一体化并非在无差异的空间中任由经济理性一统天下，地理、文化和制度因素所导致的经济活动空间差异性，决定了经济一体化并不能排除经济多元性和多样性的存在。

三、经济全球化的趋势是形成"融而不同"的世界格局

以上讨论表明：一方面，经济全球化和一体化的趋势不可逆转；另一方面，世界各国经济又具有实质性的多元性和多样性。那么，在经济全球化的大趋势中，人类能够实现和平发展和公平竞争吗？按照中国"和而不同"的理念，和平发展是可以实现的，而且认为当前世界的总态势和主流仍然是和平与发展，因此，融而不同可以成为世界发展的前

景。但是，按照主流经济学的传统观念，世界是会陷入困惑和迷茫的，除非放弃经济学的理性思维逻辑，承认非理性的作用。而且，主流经济学还借用国际政治和国家战略理论，设想出"修昔底德陷阱"之类的国家间尖锐冲突场景。

其实，人类发展至今，尽管矛盾、冲突仍然不断发生，基本逻辑已经今非昔比，但毕竟人类是在进步，不会两次掉进同一条河里。同两次世界大战之前的经济全球化性质不同，今天的经济全球化性质决定了：经济性质和政治制度非常不同的国家，特别是大国之间无论发生怎样的战略竞争，无论决策者有多大的野心，但谁也消灭不了谁，谁也改变不了谁，谁也占领不了谁。这就意味着，谁也掌握不了整个世界，世界的多元化和多样性是它的本质属性。所以，无论各国如何争斗博弈，是战是和，结果只可能是共存。共存之下，有可能共赢，也有可能俱损，却很难有立见高下的局面。如果企图以"谁胜谁负"思维来赢得自己的利益，压迫对方被迫受损就范，那么，这种观念实际上已经远远落后于人类发展到今天的这个新时代了。可行和可持续的全球化秩序必须是可以为多方所接受的，"融而不同""和而不同"是人类发展到今天必然的道路和前途选择，求同也必须存异。

随着经济全球化的强劲推进，进入工业化和完成工业化的国家越来越多，这意味着长期以来主要体现了西方国家特别是美国经济特质的世界秩序体系，必须能将其他不同国家特别是中国、印度、俄罗斯等国的国情特质包容在内，而不能将其视为"不正常"而排斥于秩序体系之外。作为世界经济"老大"的美国，至今还没有思想准备，而中美贸易摩擦和贸易谈判，可能会有助于其开始思考和逐步清醒地认识世界正在历经百年未有之巨变。

今天的世界正在发生巨变，美国模板并不适用于所有其他国家。对此，连美国的精英阶层和学者也在开始进行深刻反思。诺贝尔经济学奖获得者约瑟夫·E.斯蒂格利茨说："美国的全球力量是它的软实力——思想的力量、一种培养全世界领袖的教育制度以及供其他人效仿的模式。""然而美国模式正在丧失一些辉煌。这不仅仅是因为美国的资本主义模式未能提供可持续增长，更重要的是，其他国家正开始意识到美国大多数公民并没有从那种增长中获益，并且这样一种模式在政治上也不是特别有吸引力……"以美国模式为唯一"理性"构架模板的全球化格局正在面临挑战。他不无担忧地指出，"某一天（也许很快）我们也将看到按当前这样模式管理的全球化既不能提升全球效率也不能促进平等；更为重要的是，它使我们的民主制度陷入危险境地。另一种世界是可能的：还有其他对我们经济和民主都能进行更好的管理全球化的方式，并且它们不会造成不受约束的全球化"。

全球化的实质是工业化和资本主义市场经济的普遍化，即从少数国家向世界各国的推进，终而将所有的国家都卷入进来。无约束的市场经济和经济全球化在取得巨大成就的同时，也会付出很大的代价，通常将其归之为"市场失灵"。于是各国试图以"政府"干预和积极参与的方式来克服市场失灵的代价。那么，效果如何呢？约瑟夫·E.斯蒂格利茨说："政府从来无法完美地纠正市场失灵，但是有些国家做得比其他国家的要好。只有当政府在纠正最重要的市场失灵方面做得好些，经济才会繁荣。""事实的真相是从来未有过成功的大型经济体政府在其中不扮演重要角色的，而且在那些经济发展最快的国家（比如中国）以及生活标准最高的国家（比如北欧国家）政府扮演的角色尤为重要。"

问题是，政府在经济活动中扮演重要角色，就可以保证市场经济一定可以取得更理想的结果吗？人们有理由担心，这会不会反而使情况变得更糟呢？在这一问题上，产生了长期的争论。但无论如何，世界各国有其不同的历史、文化和国情，每个国家至少应拥有尝试建立符合自己国情的具有"特色"的经济制度和市场经济秩序的权利。所以，中国所主张的"和而不同"应是世界格局演变的必然趋势，融而不同是经济全球化发展的可行方向。

四、经济学要以新的范式视角观察经济全球化的新格局

对于理解全球化和世界秩序体系，经济学具有特别重要的作用。因为，一定意义上说，当前的经济全球化格局和世界秩序体系，就是在经济学的思维范式框架中构建起来的，并从主流经济学的范式视角判断经济全球化现象的"合理性"和"有效性"。众所周知，经济学的主流范式是基于经济主体及其行为的同质性假定基础之上的。即假定人都是以自身利益最大化的行为目标的"经济人"；并力图论证，由经济人所组成的经济体，如果不受干预、自由竞争，就可以实现或者至少是趋向于社会福利最大化，因此，由自由竞争的市场经济机制决定资源配置是唯一可行的"最优"或"次优"经济秩序。所谓"次优"通常是指，自由放任的市场经济有可能发生宏观性的失衡现象，因而需要政府进行宏观调控；而且自由放任的市场竞争也可能发生不合意现象，例如产生垄断，因而需要政府进行必要的规管，即实施反垄断政策。这样，微观—宏观范式就成为经济学解释世界的主流思维

框架。微观经济学所描述和刻画的各国经济和全球经济"正常"状态都应是同质性的，只有这样才可以算是正常的或合规的"市场经济"，否则就被认为是"非市场经济"而被排斥于经济全球化的体系之外。总之，在传统的主流经济学范式框架内，"正常"的全球市场经济体系中是不能接受"另类"经济体存在的。但如前所述，现实的世界经济是非同质的，各国经济是非同构的，正如约瑟夫·E.斯蒂格利茨所说，现实已经表明，存在"另一种世界是可能的"。也就是说，真实的世界并非主流经济学所刻画的微观世界，而是笔者曾论证的"域观"世界。主流经济学所刻画的微观世界，如同牛顿物理学所设想的原子在绝对（匀质）空间中运动的物理世界；而域观经济学所理解的现实经济，则是如同达尔文进化论所观察的生物世界。前者认定微观世界是无限可分的"粒子"，具有根本上的同质性；而后者则承认世界是区分为具有各自特质的个性和"域态"的。虽然前者实际上并不否认现实经济中的异质性，但在理论思维和学术范式上，却假定经济体的同质性。而后者则在思维逻辑的范式构架上就承认，由同质性与异质性共同决定的域观性特征，将域质性作为观察经济世界的基本范式思维方法。这样，在以不同范式为基础的思维范式下，经济学所"框定"的世界是非常不同的。

以域观范式作为观察经济全球化的思维范式，将经济主体和现象的域观性研究引入分析构架，即研究不同国家经济的域质性特征以及具有不同域质特征的经济体在经济全球化和一体化中的相互关系，特别是进而研究为实现经济全球化趋势中，具有不同域质特性，但又处于"你中有我，我中有你"的相互沟通，甚至交融一体状态时，各国经济的内部结构必须进行怎样的适应性改革，以及人类如何构建有效的当代全球市场经济秩序和治理结构？这是经济全球化格局巨变对经济学发展和创新所提出的重大挑战。

从经济学的域观范式思维方式来看，一方面，各国经济具有自身的域质"特色"（例如美国实行自由资本主义，德国实行社会市场经济制度，中国实行中国特色社会主义，等等），这些特色有其深厚的价值文化基因和制度历史根由，其中有些甚至已成为具有"主权"性质的不可侵犯性。另一方面，既然各国处于全球化体系中，都主张需要公平竞争和互利合作，那么，将各自的域质特性同全球化所需要的共性机理相通融，至少是可衔接，也是特别需要研究解决的问题。任何国家都不能侵犯他国主权而强行要其他国改变其域质特性，但在国际协调中各国在可接受的限度内改变自己的某些域质特性，甚至一定程度上不可避免地触及"主权"领域。这就如同体育竞赛，需要有大家认可的规则，例如规定不可以服用兴奋剂。那么，什么药物算是必须严格禁用的兴奋剂？就要有检测标准和判断方式。有些国家可能发明某种特殊药物（或具有兴奋作用的食物），性质或功效介于禁用和不禁用之间，是否可以被现行竞赛规则所允许？这就需要各国进行谈判，形成共识和可行规则。

可见，当前经济全球化格局巨变的实质是，以往那种想象中的趋向于同质同构世界的经济全球化方向，即向一元化结构方向演化的经济全球化趋势，正在转向以多元化和多样化为特征的经济全球化方向，世界经济秩序及治理方式也将因此而发生重要变化。尽管不会"另起炉灶"而发生颠覆性变化，但格局态势的显著变化是必然的，因此，经济学如何认识和刻画经济全球化的新格局，正成为一个具有深刻意义的学术课题。而这又决定了全球市场游戏规则和竞争秩序的"合理"共识和"公平"准则。

五、中国特色社会主义经济体系在全球化新格局中的地位

如前所述，中美贸易谈判第一阶段协议签署后，美国实际上已开始认识到，所涉及的是两种不同经济体系的共存问题。本文也引述了美国经济学家约瑟夫·E.斯蒂格利茨所指出的，现实已经表明存在"另一种世界是可能的"。中国特色社会主义经济体系，就是全球化新格局中不同于美国的"另一种世界"，而且除此之外还可能有更多性质特征有别的"另一种世界"。也就是说，尽管人类生存的地球上经济活动越来越趋向全球化和一体化，但不可否认地长期存在不同的"世界"，这些不同的经济世界，各具特色，但相互沟通，密切相关，以至命运依存，易损相连，难解难分，表面上可能是"对手"甚至"敌方"，实际上是利益攸关方，即如果没有"对手"甚至"敌方"，自身也将不复存在，或者将没有存在和发展的理由。

中国经济的巨大规模决定了它的崛起将使"另一种世界"成为影响巨大的事态和无法抗拒的因素，没有任何力量可以否定中国特色社会主义经济体系成为经济全球化多元格局中的一元或一极，全球化的世界经济将因此而更加丰富多彩，更具发展潜质。相反，如果以传统的经济全球化或一体化观念来观察，担心全球经济可能因此而发生混乱，中国因而被无端指责为是对现行国际秩序的"修正主义者"，则只会自限于没有根据的悲观心态。

其实，经济全球化格局的变化，并非中国要"修正"它，而是经济

全球化需要更多国家的融入，而包括中国在内的更多国家融入经济全球化，需要全球经济具有更大的包容性。这样，可能会有"成长的烦恼"，需要消除全球经济体系中原有的"排异"性因素，因而需要进行一定的改革。全球经济体只有不断包容更多国情各不相同的国家，世界经济增长和经济发展才是可持续的。例如，具有中国特色的社会主义经济融入世界经济，给全球经济增长注入了强大动力，尽管中国经济体系同全球经济原先在位国家的体制"相似性"并不高，但仍然成为推动全球经济增长的主要经济体之一。未来，中国经济体系同全球其他国家，包括发达国家经济体系的体制"相似性"肯定会越来越高于以往，例如，中美贸易谈判无论如何都将增强双方经济体系的"相似性"程度。

同时也必须看到，各国经济体系的"相似性"程度永远会有差距，中国特色社会主义经济，是具有"另一种世界"特性的经济体，它与世界其他经济体的域观差别总是存在，但这并不妨碍全球经济一体化进程的总体态势。中国改革开放40多年来的事实已经证明，中国与其他国家的相互包容，正是当代经济全球化的一个重要特征。目前，中国人均GDP已经达一万美元。这意味着，中国经济同世界经济的一体化程度将进一步增强，中国可以有条件承担更多的国际责任。总之，中国经济同世界经济将进一步增强相互包容，这对中国和其他国家都是很有利的。正是这样，才可以说，"人类命运共同体"是经济全球化可以追求的目标。

新发展格局下的
安全畅通战略取向

　　在经济全球化的大格局中，中国经济应形成怎样的秩序体系，米增强自己的国际竞争力，并提升其全球影响力和吸引力。作为社会主义国家的中国，政府政策取向很鲜明，即安全第一。抗击新冠肺炎疫情期间的各种措施体现了人民生命安全第一的政策取向，而人民生命安全健康水平最终取决于经济发展成就。经济运行畅通性决定经济发展态势，中国经济所拥有的经济畅通性基础条件和国情特征，可以为中国产业的国际竞争力提供有力支撑。新冠肺炎疫情之后，中国将以打造最安全和最具畅通性的经济秩序，适应经济全球化的新要求，并推动经济全球化的新趋势。如何实现安全畅通的经济运行和有决断力的重大投资活动，并以强大的工程建设能力来完成一个又一个的大规模超级工程项目来应对各种潜在的风险及长期挑战，将成为人类发展的永恒议题和越来越重要的社会利益关切点。中国努力将自己建设成为经济全球化中最具安全性和运行畅通性的经济体，体现了人类共同发展迎接未来的明智选择。

一、安全取向是中国价值文化和政策选择的鲜明特色

　　关于经济全球化，尽管存在各种不同的认识和政策立场，但基本的共识是承认其有利也有弊，而且大多数国家也都承认在一般情况下，经济全球化利大于弊。利是有助于促进经济增长和科技扩散，惠及世界更多国家和人群；弊是导致分配差距扩大，特别是具有很大的风险性，其中，全球病毒大流行就是值得警惕的风险，新冠肺炎疫情就是一个突出表现。

　　疫情袭来，必须采取应对措施，但由于国情不同，价值文化特质有别，所以各国政策选择的基本取向可能很不相同。在病毒感染初期，大

多数国家都表现出不同程度的"忽视"或轻视，政府决策犹豫迟缓，根源在于受国情制约，政府政策取向不甚明确。特别是那些以经济增长为政策优先事项并且对防疫抗疫的医疗体系有自信的国家，政府决策往往滞后，只有当疫情表现严重时才会采取断然措施。也就是说，当获知了关于不明性质的病毒感染信息后，决策者是否决定立即采取应对行动，涉及一个关于应对危机的基本理论问题，即：只要预测可能发生危机就会采取行动，还是只有当危机发生了，产生刺激决策的作用，才会作出行动决定？危机是难以预测的，应对危机是必须付出代价的，所以，在大多数国家的政策决策体系中，只有确定发生了危机（或发生危机的可能性很高），才可能刺激决策者作出应对危机的行动决定。所以在大多数的情况下，上述后一种表现比较多见。

中国政治经济体系中的政府决策机制具有显著特色。作为社会主义国家，中国政府的政策取向很鲜明，即安全第一，把人民生命和健康置于政策目标的首位。

可以说，面对疫情中国是作出反应最快的国家之一。仅就媒体公开报道的中国政府的正式态度来看，2020年1月25日召开的中共中央政治局常委会会议上，习近平总书记向各级党委和政府明确提出要求，必须"把人民群众生命安全和身体健康放在第一位"。很显然，作出以特殊应急举措进行抗疫的决策意向一定是在1月中旬之前。中央的这一政策抉择，鲜明地表达了中国社会价值观念认同的基本取向：安全第一。国家决策与人民价值文化高度吻合。所以，中国的抗疫过程可以表现为举国一心，令行禁止，服从调度。从党和政府的最高层到社会管理的最基层，严密组织，确保达成安全目标。

中国在疫情肆虐时期所表现出的安全取向，并非特殊时期的突然偶发，而原本就具有其常态性和趋势性。列举一二都可以表明，中国是全球最安全的国家之一，相信世界上越来越多的人都会承认这样的事实。例如，中国的社会治安和基层管理，确保了整个社会秩序的安全稳定。除了良好的社会治安之外，改革开放40多年来，中国的个人及家庭财产安全程度也有很大提高，特别是同改革开放之前相比，私营企业及企业主的财产安全有根本性改善。中国实行多种所有制并存的基本制度，在国家法律制度上不仅保护公有制，也承认和保护私有制。另外，在自然环境安全方面，新中国成立以来，国土治理特别是江河整治取得巨大成效，抗御自然灾害的能力有了极大提高。在数千年历史中，中国曾是一个严重自然灾害频繁发生的多难之国，而今天，中国人无疑是生活在数千年来最具自然环境安全保障的时代。十多年来，全国的污染治理有了明显进展，空气质量和水源质量都有很大改善，生态环境受到全社会重视。这些都体现了对于安全的高度关切已经越来越成为整个国家价值文化和政府政策取向中一个鲜明的中国特色。

中国经济的这一特色在应对这次新冠肺炎疫情中充分体现出来。尽管中国（以人均GDP或人均可支配收入来衡量）的经济发展水平还比较低，仍然属于发展中国家，人均医疗支出水平也还不高，以人均病床数等指标所体现的医疗系统能力也并不强。但是全世界都看到了，在维护公共卫生安全上，中国具有自己独特的优势。其中，强大的社会组织能力就可以成为抗击疫情的强大力量。中国仅用两个月就在全国范围内控制住了病毒感染的蔓延，从曾经疫情最为严重的国家，变为将本地新增确诊感染人数控制到很少的国家。当新冠病毒世界大流行时，中国反倒因有效控制病毒传染蔓延而成为较具安全保障的国家，几乎成了一个可以屏蔽新冠肺炎病毒感染的"安全岛"，将防止外部输入作为中国防控新冠肺炎疫情的重点。

当然，天下没有免费的午餐，中国抗疫方式基于中国政策目标选择的安全取向，既然是政策选择或抉择，就意味着必然有得也有失。即为了确保人民生命和健康安全，宁可付出较大的代价。这一价值观差异决定了中国同西方国家选择了不同的抗疫方式。人们没有必要以此作为孰优孰劣的绝对标准，只能说是各国有各国的国情，各国有各国的政策选择目标取向，并承受与之相应的利弊得失。

中国具有较强的集体主义意识，在中国共产党的统一领导下，人民对国家有很高的信任度，对政府政策选择的安全取向以及据此而决定和实行的措施，大多表现出理解和配合，可以做到个人利益服从整体利益，局部利益服从全局利益。这是中国维护国家综合安全包括公共卫生安全的重要条件之一。全国各地各行业服从抗疫大局，令行禁止，秩序井然，才取得较快遏制疫情的成效。所有的人都认同：为了获得人民生命安全健康的更高保障，宁可付出较高代价。

接下来的问题必然就是：为了抗疫和保障人民生命安全，社会经济活动一度处于被抑制状态，当然也非长久之策。所以，当疫情初步控制之后，势必要考虑尽快复工复产，回归经济常态。而所谓回归经济常态，实际上就是经济运行从被抑制状态尽快地实现流转的畅通，以确保经济体的活力释放和市场活跃。

二、人民生命安全健康水平最终取决于经济发展成就

从短期来看，表面上，安全目标与经济发展要求具有鱼和熊掌两者难以兼得的关系，为了抗疫不得不让一些经济活动暂时停摆，而如果让经济活动照常进行，就难以控制病毒流行。但是从长期看，在最终意义上，人民生命安全同经济发展高度密切相关，而且具有不难理解的因果关联性。在人类发展的数千万年历史上，人均预期寿命仅为30多岁。直到工业革命之前，人均预期寿命都在39岁以内。而随着经济发展，人均收入水平提高，生活质量提高，医疗卫生条件改善，人均预期寿命才不断延长。当前，发达国家的人均预期寿命均超过70岁，甚至有的国家超过80岁。1949年，中国人均寿命也是39岁，到1981年达到68岁，到20世纪90年代超过了70岁，目前达到了76岁，与发达国家相比还有一定差距。而要迈上人均预期寿命的更高水平，最根本的条件就是经济发展水平和人均收入水平的进一步提高。人均预期寿命是人民生命安全和健康水平最具显示性的指标，所以完全可以说，人民生命安全健康水平最终决定于经济发展水平。

正因为这样，"发展是硬道理"，以经济发展为中心，是中国改革开放40多年来始终坚持的基本政策原则。保持较高经济增长速度，不断提高人均收入水平，一直是受到社会高度关切的经济表现目标。近年来，由于中国经济增长速度呈现下行趋势，人们需要对此作出科学判断，即：经济增长趋缓的性质是什么。

一些经济学家们试图用测算"潜在增长率"的经济模型来进行解释，以此论证现阶段经济增长率趋缓的必然性，认为当经济发展达到中

等收入水平的阶段，高增长率向中速增长率转变是一个普遍规律，即使中国能够保持"中高速"增长，也会比以往的高速增长有明显的回落。这一解释尽管有理论上的逻辑性，也确实符合一般趋势，但也不可回避中国经济的一个基本现实：目前，中国的人均GDP尚未达到世界平均水平，除东南沿海地区之外，中国大多数地区的人均GDP还显著低于1万美元，可以说还没有达到中等收入阶段，许多地方仍然处于低收入的状态。这表明，就全国范围来看，中国的工业化和城市化过程还在进行中，经济增长空间仍然很大，即使考虑到要素成本上升、资源环境压力增大、人口老龄化等新情况，也不可断定经济增长已经达到了"潜在增长率"的约束边界而注定不可遏制地持续下行。其实，由于没有考虑或难以测度经济系统的运行状况，将经济运行的畅通性和活力释放，以及创新精神的施展空间等因素排除在外（即经济学常用的"假定其他条件不变"的抽象方法），以精致模型所测算出的"潜在增长率"的意义是极为有限的，无法"测准"导致经济增长率下行的主要因素所产生的影响。

即使中国经济存在潜在增长率测算模型所描述的趋势性因素制约，也没有充分的理由可以断定，在此人均收入水平处于世界平均水平之下或者刚刚接近世界平均水平的发展阶段，中国经济增长就注定会陷入低增长情境之中。其实真正直接影响中国经济增长的重要问题是：尽管我们的经济工作取得不小成就，但是经济运行的畅通性受阻，经济主体活力释放受限，因而增长潜力尚未充分发挥。正因为看到了这一问题，多年来，中国经济工作的政策意向一直明确定位于"供给侧结构性改革"。2020年，中央经济工作会议再次强调要"坚持以供给侧结构性改革为主线"。供给侧结构性改革的政策取向和根本着眼点就是要让经济运行更畅通，充分发挥经济主体的活力和市场机制在资源配置中的决定性作用。供给侧结构性改革的具体举措主要体现为，加快各领域的改革，扩大企业经营的自由度，减少政府不当干预和烦琐管制对经济活力的约束，改善营商环境，最大限度增强生产和生活的便利性。进一步扩大对内对外开放，并对严重失衡而必须进行调整的结构性"淤结"环节进行有效处置。这样才能保持经济增长稳中求进的态势。中国经济工作的这一总体政策思路在抗疫压倒一切的时期有所调整，但疫情之后必将回归主导。

在新冠肺炎疫情暴发之前，我国经济运行不畅通的问题已经凸显，成为导致经济增长下行的重要原因之一。一些政府部门对经济活动过多和过于细密的行政性干预，直接作用于微观经济主体的日常经营流程，从而损害经济运行的畅通性和经济主体的活力释放，尤其是表现为各种形式的管制条框和文山会海。在不少方面经济运行态势偏离了供给侧结构性改革的初心，因此，增强经济运行的畅通性和活力释放，应成为实现和促进中国经济稳中求进态势的关键性政策意向。

总之，抗疫期间的各种措施体现了人民生命安全第一的政策取向，而人民生命安全健康水平最终取决于经济发展成就。所以，必须在总体态势趋向稳定后，尽快有效推进供给侧结构性改革，以增强经济畅通性的方式，把经济发展的活力充分发挥出来，大力恢复和促进合意的经济增长。并以此为主要着力方向，形成创新发展动力系统，为实现高质量发展奠定体制机制基础。

三、经济运行畅通性决定经济发展态势

如前所述，中国不仅具有观念上的政策目标安全取向，而且也有条件成为最具安全性的国家。理论上说，高水平的安全环境可以为经济运行和发展提供最基础性的条件，而让经济运行更畅通，使内在活力得以充分释放，才能实现更合意的经济增长和经济发展。那么，特别需要讨论的是，在当前的经济全球化态势下，具有强烈安全取向的中国，能不能成为世界上经济运行最为畅通的经济体之一呢？

这是一个极具挑战性的问题。当代经济全球化的基本格局是在自由贸易和经济自由化的理念下形成的。而在西方国家的主流认识中，中国是一个不符合他们的"自由"意志取向的国家，将中国视为经济运行和信息交流不通畅（不透明）的国家，总是以质疑的眼光看待中国。实际上，在经济领域，中国同西方国家完全可以在关于自由贸易和自由市场的理解上达成基本共识。当然在一些基本国情上，各国都有不同特质，不可能完全同质化。而在自由贸易和自由市场的认同上，尽管也会存在不尽相同的理解，但在经济运行的畅通上，是较容易达成共识的，这大致可以同义于人们所说的"营商环境"，即营商环境的优劣大体上可以通过经济运行的畅通性来体现。在这方面，各国之间的经济比较是可以有可通约的评价标准的。换句话说，经济运行越畅通，表明营商环境越好。企业在畅通性高的营商环境中经营和投资，可以获得更有利的条件。显然，经济运行通畅性强的国家，就更具有国际投资和跨国经营的吸引力，在这样的条件下，企业能够更顺畅地接入或融入相关产业链和供应链。

由于中国的改革开放仍然任重道远，供给侧结构性改革还面临各种复杂和困难的问题需要解决，许多影响经济运行畅通性的障碍还需要清除，而且并非轻而易举就能成功。所以，中国要成为最畅通的经济体，还需要进行长期艰苦的努力。不过，中国也有自己独特的国情优势，具有成为最畅通经济体的各种基本条件。认真观察中国经济，并进行国际比较，不难发现，中国经济不仅具有规模大的特征，而且在经济运行的畅通性上也有其显著特点和创新性特征。

第一，最基本的经济活动是物质生产和消费，经济运行的畅通性必须以人员、物资、产品和信息流动的一定物质条件为基础，人类经济活动从来都是发生于交通运输较便利的地方，闭塞之地难以有繁荣的经济。近现代以来，特别是新中国成立和实行改革开放以来，中国已经基本建成了即使同发达国家相比也堪称先进的基础设施：完整而发达的电力系统、高速公路、高速铁路、航空网络、河海港口、通信设施、城市服务基础设施等，在广袤的国土上纵横密布。时至今日，中国已经基本建成了人员、资源、商品和信息流动高度畅通的基础设施体系，为打造世界最畅通经济体奠定了物质基础条件。总之，中国强大的工程建设和管理能力对于建成和维护先进完备的基础设施体系，保证经济安全畅通运行，具有显著的国际竞争力优势。

第二，互联网广泛运用，向经济活动的各个层面高度渗透，使得信息流动的畅通性大大提高。在新冠肺炎疫情期间，尽管人流、物流受到很大限制，人员不能聚集交流，但信息流动基本上畅通无阻。而且，新的通信和信息交流方式，包括远程视频会议、网络授课等，得到越来越广泛地运用。以大数据技术支持的手机健康码，对疫情进行广泛监控，有助于提高人员流动的安全性。

第三，近年来，城乡物流业大规模高密度发展，成为中国经济生活的一大显著特点。由于有上述基础设施和互联网技术运用的支撑，加之中国极为丰富的劳动力资源和很有效的社区基层管理秩序，使得快递业长足发展，大大增强了供求的畅通性。在疫情期间，城乡居民基本生活物资的流通渠道畅通，民生未受很大影响，市场供应基本正常，未发生对于基本民生物资供应的社会恐慌心理。这充分反映了在全国范围民生物资供应渠道和消费品市场运行的高度畅通性，也表明中国具有成为消费大国的物流条件优势。

第四，在经济运行中，货币金融如同"血液"，数字信息技术在货币金融领域中的运用可以极大提高资金流动的畅通性。在金融科技的研发、运用和普及上，中国在许多方面已经走在了世界各国的前列。一位从西方国家到中国某一银行工作多年的高管告诉笔者："若干年前我来中国是作为'老师'来向中国学生传授先进技术和经验的。而现在，中国在金融科技运用上已经走在我们国家的前面，我现在反而要更多地向中国同行学习了。有些方面，中国同行已经成为我的老师了。"可以看到，互联网、大数据技术所支持的移动支付和金融业务，已经遍及中国城乡。金融便利性大大增强，更大范围发展普惠金融的技术条件也已基本具备。金融体系业务流程的畅通性和便利性的不断提高，并快速向实体经济各个领域和层面的极大渗透，可以有效地提升体经济运行的畅通性和高效性。

当前，一些新的信息技术和大数据科技的运用方兴未艾，中国还将加大"新基建"投资作为经济发展的驱动力，使通信信息技术向5G网络、云计算、大数据、物联网、区块链、人工智能等方向加速推进其运用场景，有力助推经济体系的畅通运行。随着新一代的技术迈入产品化、产业化、商业化的门槛，它将进入各个经济和社会领域，产生各种各样的运用场景，为增强生产流通及社会事业的各领域业务流程的畅通性，提供强有力的技术条件。现在，线上线下互联互通，在工农业、医疗卫生、教育培训等领域，都已有了线上和线下的密切相通互动，也将成为经济运行畅通性的突出表现之一。

第五，中国拥有世界最完整的产业结构体系和众多最勤劳的劳动力资源，中国是世界唯一在联合国产业分类的所有类别中均拥有相当规模生产能力的国家。这个全世界独一无二的特质决定了中国拥有构建最畅通产业供应链体系的独特优势。可以说，几乎所有产业类别的产品的研发和生产活动，在中国庞大完整的产业体系中都可以获得邻近优势和聚集优势，即就近建立和连接各类产业供应链中的大多数分工环节，因而可以大大增强产业供应链各环节间的关联畅通性，适应于产业体系和分工关系越来越复杂化的经济全球化发展态势。

第六，使经济活动更自由，以达到体制机制的更高畅通性，是中国改革开放40多年来经济制度和政策安排的演化主线。在这一改革开放的大方向上，我们做出了长期努力。例如，设立经济特区、经济开放区、产业新区、自由贸易区等，都是中国提升经济运行畅通性所进行的体制机制创新和实践尝试。这些特别经济区不仅具有特区性质，而且是先行先试的试验，它们的许多做法都会成为其他地区进行改革开放的借鉴，得以推广。未来，这一经济改革发展路径和方式还会向更大范围扩展，预期将有进一步的重大举措，例如将海南省建成世界最大的自由贸易港试验区，上海、深圳等城市在金融开放和自由贸易方面进行更大胆探索。所以，至少是在经济领域，改善营商环境，让经济活动更加自由畅通，已经在中国形成了思想观念上的广泛共识。这是一个极为重要的社会内在因素，非常有助于中国向着高度畅通经济体的方向发展。

经济运行畅通性决定经济发展态势，中国经济所拥有的经济畅通性基础条件和国情特征，可以为中国产业的国际竞争力提供有力支撑。改革开放以来，中国产业国际竞争力的迅速提升正是得益于此。新冠肺炎疫情之后，中国将以打造最安全和最具畅通性的经济秩序，适应经济全球化的新要求，并推动经济全球化的新趋势。

四、以确保安全畅通的经济秩序适应和助推经济全球化

如前所述，经济全球化是人类发展到现代经济时期的必然趋势。经济全球化可以大大提高生产力和资源配置效率，实现世界经济的极大繁荣进步，但全球化也可能有其弊端，产生风险甚至发生危机。安全风险与危机不仅会危及人民生命健康，而且会给经济运转以致命性冲击。所以，经济全球化必须时刻警惕安全风险与危机的挑战，这是各国在融入经济全球化时，必须慎重考虑的一个重大问题。这次新冠肺炎疫情所导致的危机告诉我们：只有建立能够确保安全畅通的经济运行秩序，才能在全球化的风险环境中，拥有国际竞争力。特别是，如果能够成为世界公认的"最安全畅通经济体"，就可以大大增强吸引力和影响力，提升国家品牌价值。

本章前面所讨论的中国国情和建设成就可以表明，中国具有成为最畅

通经济体的现实可能性。而且在抗击新冠病毒疫情中，中国先于其他国家全面控制了疫情，不仅为复工复产工作创造了有利条件，而且为进一步构建和维护能确保安全畅通的经济运行秩序奠定了基础。当然，要使这种可能性成为现实，还要克服当前的许多困难，并进行长期的努力。

第一，在疫情得到控制后，必须尽快考虑推进供给侧结构性改革的步伐，尽快将着眼点聚焦于大力恢复经济畅通性，及时全面撤除因抗疫而设置的限制经济活动的各种阻隔环节，坚决做到应撤尽撤，应简尽简，应通尽通。由于受到疫情冲击，很多企业都处于困境。所以，要形成应急式快通道营商秩序，最大限度简化非必需的行政性管控程序，把畅通经济作为最主要的政策取向和改革重点。要充分认识到，市场经济的本质是交易流转，经济增长的实质就是更大规模的畅通流转，所以，恢复经济就是恢复流转的畅通性。"复工复产"能否实现，关键不在于工厂能否"上班"，而在于能否让供应链畅通地运转起来。

第二，在这次疫情中，不仅经济受到冲击，而且社会心理也受到极大冲击。从某种意义上可以说，心理冲击比实业冲击的影响更大，可能更持久。所以，形成安全畅通的经济运行秩序，必须使社会舆论场理性化，引导公众科学理性地看待新冠肺炎病毒疫情，减少社会恐慌情绪和宁严勿松的惧怕担责心理偏向。要充分认识到，真正有效的复工复产和实现经济畅通，其前提是社会心理常态化。所以，稳定或常态化人们的预期，是直接影响经济畅通性的一个特别重要的问题。面对高度复杂和高度不确定的未来，人们的预期和心理反应受到信息传播内容的影响。许多研究结论都表明，信息公开透明可以防止"忽视—恐慌"现象，避免危机的剧烈发生和破坏程度。为此，应建立一个关于疫情的常设预警制度，就像天气报告和空气质量报告那样，以一般民众可以理解的表达方式及时向社会提供公共卫生安全（及风险）信息。这就可以使防疫常态化，使公众既习以为常，又保持警惕。也就是说，一方面可以时时警示公众，自觉保护卫生环境和遵守卫生秩序；另一方面，在心理上打好预防针，保持理性关切疫情的心态，不必产生过度敏感、焦虑以至恐慌情绪。只有稳定预期，减少对不确定性的恐惧和行为失序，才能有效保障经济运行的高度畅通性。

第三，由于经济开放和融入经济全球化，中国产业的供应链已经高度国际化，各国经济之间的高度依赖已难以改变。换句话说，企业复工复产涉及国内和国际两个市场，以及国内外供应链的恢复和重建。由于疫情冲击的具体情况不同，目前，各国疫情形势不尽相同，各国应对疫情所采取的措施差别也很大，对营商环境和交通物流系统产生了程度不同的破碎化影响，世界市场的整体性受到严重破坏。为此，作为率先控制了疫情并着力考虑复工复产的国家，而且是经济规模居世界第二的大国，中国有必要采取国内带国际的策略，即不仅考虑本国产业复工复产，而且要助推经济全球化破损环节的修复。从尽快恢复和完善国内营商环境着手，带动口岸通关环节和国际物流环节的顺畅化和便利化。特别是要在"中国通则全球通"的领域下功夫。中国拥有全世界最完整的产业经济体系，不仅要适应经济全球化的新形势，而且要推动经济全球化的继续扩展，才能以最安全最畅通经济体的走势方向和不懈努力，促进全球经济形成更具安全性和畅通性的国际运行秩序。总之，以国际主义超越民族主义，应成为中国打造最安全最畅通经济体的基本指导原则。

第四，作为一个超大型经济体，尽管在一些方面应该和可以做到"全国一盘棋"，但却难以做到事事都能"齐步走""一刀切"。承认地区差异，因地制宜进行政策安排，是中国改革开放取得成效的主要经验之一。所以，在打造最安全最畅通经济体的战略大方向上，也可以实行让具备条件的"一部分地区先通先活起来"的经济安全畅通战略。"先通先活起来"的地区，不仅要尽快实现全面复工复产，而且要焕发创新热情，以改革精神创建最安全最畅通经济地区。防疫抗疫是硬仗，畅通经济更是硬仗。"先通先活起来"的地区要以最高效市场体制、最便利营商环境、最简化管控程序为标准，形成具有世界最高水平的经济畅通性和经济活跃度的至善地区（城市）。这些地区（城市）可以成为世界经济中的中国"名片"，向世界展现中国经济的竞争力和吸引力。

第五，在应对这次新冠肺炎疫情的过程中世界各国也确实可以看到：中国是一个具有极强组织能力的国家，强大的组织能力不仅能够保障安全，而且能够维护经济运转畅通性的秩序条件。 世界各国也在危机中领悟到，失序损害安全导致混乱，混乱妨碍畅通破坏经济，所以，安全与畅通具有内在统一性。中国既能成为最安全的国家，也有条件成为最畅通经济体。抗击新冠肺炎疫情是一次历史性全球洗礼，2020年3月26日的G20特别峰会传递了全球渴望沟通、畅通的共识。经历过这次洗礼，中国走上打造世界最安全、最畅通经济体的道路，这可以成为提升中国经济国际竞争力和升华国家品牌价值的一个战略方向。

但是，我们也不能不看到，任何国家都会有其优势和劣势，中国也不例外。当我们看到并重点讨论中国成为最安全最畅通经济体的优势的时候，也必须深刻地认识和反思我们的劣势和不足，以及未来前进中将遇到的困难和矛盾。中国经济体制机制中，有许多妨碍经济运转畅通性的问题甚至是难以克服的顽症还没有解决，在疫情期间也多有凸显。为此，党中央反复强调，以供给侧结构性改革为主线仍然是经济工作的战略方向。在权衡安全和畅通的关系时，有些方面是鱼和熊掌难以兼得的。其中，还会涉及深刻的理论和观念问题，例如，在政策目标的选择和把握中如何处置"零容忍"与"更宽松"？在作出应对风险的决定时，"国家是只能在危机发生后才能有所行动，还是会因提前预期危机的降临而采取行动"？"是否只有危机才能激发一个国家做出重要的选择性变革"？在不同域境条件下，社会和政府的关切目标是否会或必然会有所不同？当经济社会发展所面临的安全风险难以避免，甚至当危机来临时，如何保持经济社会的稳定、有序和可持续发展？这些都会归结为一个核心问题：在构建经济社会秩序上，人类将走向何方？中国将走怎样的路？需要深刻思考，探索方向，择路践行。

罗马俱乐部资深专家乔根·兰德斯在《2052：未来四十年的中国与世界》一书中指出："在未来四十年里，人类会发现，自己正在面临越来越多的挑战。这些挑战的源头，大致都是因为人类正在小小的地球上快速扩张。我们会面临许多问题，如资源逐渐枯竭、多种污染物集聚、一些物种和生态系统消失、保护建筑物不受极端天气影响的需求增加、交通堵塞导致的耗时问题，等等。社会将以人类传统的方式对所有问题加以回应。人们不会停止相关活动——至少不会自发地停止。相反，人类会决定，砸下一大笔钱来解决问题。社会将试图通过寻找新方法来解决问题。社会将为替代品买单，为新的生产流程买单，或者更笼统地说，为成果相同而不招致负面影响的方法买单。换言之，社会将通过增加投资来解决不断出现的问题。" 可见，如何实现安全畅通的经济运行和有决断力的重大投资活动，并以强大的工程建设能力和组织能力完成一个又一个的大规模超级工程项目来应对各种可能的风险和长期挑战，将成为人类发展永远无可回避的艰难议题和越来越重要的社会利益关切焦点。而应对重大挑战与危机的投资活动和建设项目本身也会伴随新的风险因素，人类必须有新的应对之策，永远不可懈怠。因此，中国努力将自己建设成为经济全球化中最具安全性和运行畅通性的经济体，体现了人类发展迎接未来命运的明智选择。

新发展格局下的
经济主体与组织变革

经济世界的基本结构是：众多经济主体在一定的经济体中，进而可能在跨经济体间进行交易和生产活动，其中，"组织"关系是普遍存在的现象。组织能力是任何经济体和经济主体的重要素质，可以称之为"组织资本"。将组织资本因素引入经济学体系，使经济学增加一个新工具，是具有范式变革意义的。只有基于组织资本，经济才能运行，政府才可能实施各种经济政策，达成政策目标。宏观政策和产业政策，均基于一定的组织体系和组织机理。供给侧结构性改革体现了中国经济发展中政府所发挥的组织政策效应。真正可行和可持续的经济全球化是需要有强有力的组织力量来支撑的，而且，其中还必须要有一些组织资本较强的国家，作为她的中坚力量。中国经济崛起，无疑是经济全球化向纵深推进的一个巨大的积极力量和组织资本供应来源国，可以为经济全球化夯实组织资本基础做出重大贡献。

当代，除极少数例外，几乎所有国家都声称实行市场经济制度。尽管各国关于市场经济的具体理解各有差异，但关于市场经济的想象大多基于主流经济学的理论范式：其学术逻辑的起点是承认或假定人的自利与理性，而且假定人具有乐于交换的本能。这样，现代经济学就力图以假定—推论的演绎逻辑，构建起其"科学"严谨的学术体系。不过，人们也不断地发现，整个学术体系的逻辑严密性其实是有缺陷有"断点"的，而且，同现实差距遥远，难以对现实经济现象作出有说服力的解释，也不能预见未来，甚至无力于预见重大经济危机的发生。所以，经济学家们一直在努力推进经济学的发展，在经济学体系的现有框架之内加入一些新的解释因素，并探索经济学范式的变革。在此过程中，经济学家总是试图想象一个抽象的"正常"状态，即在"假定其他条件不变"（实际上是假定，在经济学所选定的若干因素之外，其他因素均无影响或不予考虑）的"绝对空间"中进行理论构建。但是，在现实中却并不存在"其他条件不变"的经济状态。因此，其他条件的变化或不同不应妨碍经济学的研究，相反，在其他条件发生重大变化时，往往更能够发现经济关系中的一些重要规律和特质，发现影响经济行为和经济现象的一些重要因素。新冠肺炎疫情肆虐时期，就是一个"非常时期"，社会经济各方面的条件发生了极大变化，如果我们深入进行观察研究，就可以发现经济关系中的一些重要规律和特质，可以提示我们，经济学可以或必须着力探索的研究方向、需要扩展的研究领域以及需要增加的范式工具。

一、经济体、经济主体及组织资本

经济学在构想经济活动或"经济世界"时，借用了自然科学的范式工具，即以自然界（特别是物理学）为隐喻，想象为一个由要素组成的世界，因而把生产活动视为一个生产函数，其自变量即生产要素为：起先是"土地"、"劳动"和"资本"。后来将"土地"归入"资本"，加上"技术"，形成至今被广泛接受的"劳动""资本"和"技术"三个最基本的生产要素。再后来，"人力资本""社会资本"被加入，作为广义的社会生产要素。进入信息时代，有些人主张，"数字（数据)"也是重要资源，应加入生产函数的自变量中。还有"思想"也可以被设想为构建生产函数的一个自变量。在描述经济过程时，生产函数的自变量被视为生产过程的"投入量"，其应变量就是生产过程的"产出量"。产出量超过投入量（生产成本）的"经济剩余"，部分可以形成积累，转化为"资本"。所以，资本积累成为生产的目的和动力，经济增长表现为以资本为中心的生产函数关系，各种生产要素都被想象为不同的资本形态：物质资本（包括土地、资本）、技术资本、人力资本、社会资本，以至金融资本等。这个时代也就可以被称为"资本主义经济"。

问题在于，生产要素如果处于分离状态，是不能产生生产力的，只有当它们结合起来，才能创造"产出"。所以，所谓生产过程就可以视为生产要素的结合。那么，生产要素如何才能结合起来呢？这涉及两个问题，一是社会过程，即通过一定的方式，使得归属于不同人的各种生产要素汇集到一起进入生产领域；二是技术过程，也就是使得生产要素实现物质形态上的相互作用，形成产出品，并实现其量的增长。理论上说就是：劳动者使用劳动工具作用于劳动对象，创造出"产品"。

经济学主要研究上述第一方面的关系和现象。如前所述，经济学认定或假定，人具有交换的本能，所以，可以通过相互间的交换行为或某种分工合作方式，当然也可能是某种强制性方式，实现生产要素的结合。如果整个经济活动都主要以交换的方式实现要素结合，进行生产活动，就被称为"市场经济"。

"市场"不仅被想象为交换关系，而且被想象为交换的场所。在市场这个交换场所中，许多进行交换或与交换相关的各种活动的经济主体集合起来，就形成了"经济体"，国家、地区、产业等都可以称为经济体。经济体是客观现象（准确地说，是主观界定的客观对象），本身没有主观意志（行为目标），而在经济体之中运动着的经济主体则是具有主观意志即行为目标的行为主体。

　　在这里，经济学忽略或省略了一个重要问题，即生产要素的结合是如何完成实际的交换过程而汇集起来，以及如何才能完成技术上的结合即进入实际生产过程的呢？其中必须要有一定的组织关系和组织过程，而不可能是自发自动的"不经意"过程，也就是说，其中必须要有人的能动性"构想—执行"行为。所以，在现实中，实际可行的经济活动均为组织化的活动。在古希腊，"经济"的最初含义就是"家庭管理"。那时的生产单位即经济主体是家庭，家庭通过组织及管理，完成生产过程，就是"经济"。后来，生产活动的经济主体不断演变，最终成为"企业"或更一般地称为"厂商"。企业或厂商比家庭更需要有一定的组织形式，才可能汇聚生产要素，进行生产活动。在整个过程中，它们都是"组织"行为而不是单体行为。可见，各种经济主体（除非是极特殊情况下的单独个人）都是需要组织起来才能进行生产活动的。而组织是一个需要付出很大努力才能完成的任务，绝非自然而然地就能实现的过程。

　　不仅如此，在没有意志和主观性行为目标的经济体中，通过市场交换过程实现生产要素结合，也需要有一定的市场秩序和可认同的交易规则作为条件。经济学中有一个学科分支研究专门这一问题，这就是产业组织理论或产业组织经济学。它研究同一产业（可视为一个经济体）内的企业间竞争和垄断关系，以及经济绩效。可见，市场实际上也是一种组织系统，理论上可以想象，经济活动在市场的自发组织之下实现资源配置，进行生产活动。这样，市场就被想象为是"一只看不见的手"，可以发挥社会生产的指挥和决定作用。在产业组织经济学或产业组织理论中，所想象的是不同规模的微观经济主体，在市场经济中发生竞争与垄断关系，其相对关系就称为"市场结构"，于是，在一定的市场结构中，作为经济体的"产业"运行可以达到的相应的"市场绩效"状况。经济学就把所有这些现象和经济关系称之为"产业组织"。

在这里我们看到，经济世界的基本结构是：众多经济主体在一定的经济体中，进而可能在跨经济体间进行交易和生产活动。其中，"组织"关系是普遍存在的现象，大体分为两种主要形态：经济主体的组织和经济体的组织。经济主体与经济体的区别在于，前者具有自觉性（切身感受利益得失），有其组织目标，通常有产权关系作为其法律基础，具有正式性规则；而后者是客观存在体，本身并无主观性的组织目标，未必与产权关系相关，具有自发性规则。因而，前者可以称为自觉性组织，后者称为自规性组织；前者是显性的"硬组织"，具有实质性，组织边界和成员身份较清晰；后者是潜性的"软组织"，具有观念性，组织边界和成员身份往往是基于想象力的观念界定。尽管这样，经济体作为自规性组织，虽然原本没有自觉的即主观性的组织目标，但仍然会有运行绩效之优劣，其绩效评价可以通过组成经济体的经济主体的目标达成状况来体现。例如，在产业组织经济学分析中，产业的市场绩效是通过厂商目标的达成表现来评价的。这也是产业组织经济学的主要研究方向，即研究怎样的市场结构和市场行为有助于或有损于市场绩效。

与自规性组织不同，作为自觉性组织的经济主体，具有明确的行为目的即组织目标，因此，对其而言，所谓"组织"，就是调控或强制（命令）低层经济主体（最底层的经济主体就是个人）的行为，以达到高层经济主体的组织目标的方式。在经济学中，微观经济主体（企业）通常被想象或假定为，其内部实行上级指挥下级、下级服从上级的命令式科层结构组织。对此一言以蔽之，就不再做深入研究了（而关于组织行为的研究被作为管理学而非经济学的研究内容）。但现实中的微观经济主体并非那么简单，而是可以有不同类型的组织特征，有以家庭家族关系为纽带的组织形态，有组织化程度较松散的组织形态，也有组织化程度较强的科层命令式组织形态，最极端的强组织类型就是军事化经济组织（过去还有奴隶制生产组织）。

可见，主流经济学通常将市场经济的底层逻辑起点视为绝对的个人主义是过于武断的。实际上，只要存在经济体特别是经济主体的组织关系和组织现象，就必然存在"集体主义"因素。对于一定的经济主体，"集体主义"的实质是经济主体成员自觉或按组织规则为达成本经济主体的组织目标，而约束自己行为的共同观念倾向和行为方式。而对于一定的经济体，"集体主义"的实质也是其成员自觉或按组织规则为达成组织目标而约束自己行为的观念倾向和行为方式，但须有前提，即经济体的主体化，即经济体的目标形成并实质化，因而具有切实可共同追求或服从的组织目标或整体利益。

在人类社会中，组织因素是客观存在和不可缺少的，美国社会学家弗朗西斯·福山认为，"复杂的活动需要自我组织和自我管理。若是在基础文化中没有这种能力，那就会由私立公司来提供，因为私立公司的生产力依赖于这种自我组织和自我管理的能力"。因此，在经济学中抽象掉"组织"因素，实际上就大大降低了其对现实经济的解释力。而当我们在经济学体系中引入"组织"因素后，各类经济主体和主体化经济体的组织目标，以及达成组织目标的效率，就成为非常值得观察和研究的问题了。

理论经济学假定微观经济主体的行为服从利益最大化经济目标，例如收入、利润、资本增殖等，而在实现经济中，各微观经济主体及各类经济体都会还有其组织目标，组织目标比理论经济学所假定的最大化经济目标更为复杂，具有多样性。例如，在理论经济学中，假定微观经济主体为个人和企业，个人追求自身利益最大化，企业追求经济利润最大化，所有的企业都同质（经济目标相同）。而在现实中，企业分为不同类型，其追求的组织目标是有很大差别的。因而，现实中的企业是分为各种类型的。

可见，无论是经济体还是经济主体，都必须有一定程度的组织化，即通过组织方式达成组织目标，或实现有效运转，获得良好绩效。所以，组织能力是任何经济体和经济主体的重要素质，参照"人力资本""社会资本"的表达概念，这也可以称之为"组织资本"，其含义可以简单理解为达成组织目标的效率素质和能力。

在这次抗击新冠肺炎疫情过程中，我们可以看到，组织资本力量所发挥的极为重要的作用。在武汉，由强大的组织能力和有效方式所实现的目标达成速度，是一个极具解释力和说服力的案例。整个过程中，全体居民和企业，按抗疫要求令行禁止，接受统一指挥。全国各地的医疗资源和物质资源支援武汉抗疫，体现了中国经济的强大组织资本力量，令世界惊叹。武汉以至全国性的社会动员，实现各种隔离措施，同时还能确保社会稳定，民生有序，也体现了中国社会的很强组织素质，尤其反映了广大民众对国家组织能力的高度信任。

将组织资本因素引入经济学体系，使经济学增加一个新工具，是具有范式变革意义的。美国学者托马斯·库恩在其影响广泛的《科学革命的结构》一书中写道："只要范式提供的工具能够继续表现出有能力解决它所规定的问题，通过有信心地使用这些工具，科学就能够得到最快和最深入的发展。理由是清楚的。科学中像制造业中一样，更换工具是一种浪费，只有在不得已时才会这么做。危机的意义就在于，它指出更换工具的时机已经到来了。""危机是新理论出现的前提条件"。托马斯·库恩所说的"危机"主要是指，人们所发现的许多新现象已经无法在原有的理论范式框架中得到解释，科学范式体系面临着被破坏的危机，科学家们必须改变范式才能说明被发现的新现象，"要达到这一点，只有通过放弃某些以前的标准信念或程序，同时用其他新成分代替先前范式中的那些原有成分"。因而，"科学家由一个新范式指引，去采用新工具，注意新领域"。

经济学的发展也如库恩所说的那样，在很大程度上就是由危机推动其范式改变的过程。马克思经济学、新古典经济学、凯恩斯经济学、英美供应学派经济学，以及中国的政治经济学发展等，几乎都是危机的产物。经济危机、社会危机触发的学术"危机"，即原有理论无法解释现实，也难以提供预测和对策，所以必须进行如库恩所说的"范式革命"，引入新工具。

应该承认，当前经济学正面临着学术危机，而全世界正在经历的新冠肺炎疫情暴发更向经济学提出重大挑战：经济学的解释力和基于经济学理论的经济政策，主要是宏观经济政策（货币政策和财政政策），发生了严重失效的危机，几乎陷入"江郎才尽"窘境。人们形象地说："美联储的子弹都打光了也没有效果。"相反，在新冠肺炎疫情期间，抗疫过程中的组织因素，特别是经济体的高度组织化行为和政府运用组织能力所实施的政策手段，却发挥了极为重要的作用。各国抗疫方式和效果，无不受到组织能力这一因素的强烈影响。各国政府的可作为性也无不受到这一因素的限制，甚至可以说，一国的组织资本可以决定该国政府有可能选择的抗疫方式，以及抗疫方式同经济发展之间的关系权衡能力。密切观察和深入研究这一问题，可以推动经济学"危中有机"地发展。

二、经济规模、组织能力与组织资本积累

在经济学研究特别是在产业组织经济学研究中，经济规模是一个特别受重视的现象和问题。规模经济可以提高效率和增加益得，但也可能导致垄断，削弱竞争而损害市场绩效（产业绩效）。厂商规模也影响市场结构状况，不同的市场结构具有不同的绩效特征，对于不同类型的产业，可以适应不同类型的市场结构。进一步拓展观察和研究对象，即在产业组织或产业经济学研究中，将视野从同一产业内的企业间关系，延伸到不同产业之间的关系，即产业结构问题，则经济体就成为更为复杂的研究对象，其组织性就更具重要意义。

经济活动都表现为微观经济主体及一定的经济体即经济主体的集合空间现象。一般来说，经济主体或经济体的规模越大，对组织性的要求越高，组织成本也越高。如果能够组织得好，就意味着协同水平高。对企业是这样，对国家和社会也是如此。因此，研究人类发展和国家社会文明程度的学者，就把"社会组织"程度作为重要观察和衡量指标之一，并用城市规模来表征社会组织的水平高低，即城市规模越大，表明社会组织水平越高，社会文明程度也越高。

美国历史学家伊恩·莫里斯以最大城市的人口规模来衡量东西方的社会组织水平（见表1）。基于这样的逻辑："社会科学的一个长期的研究传统，特别是在考古学、人类学、经济学和城市研究领域，在于表明一个社会中最大定居点的规模与其社会组织的复杂程度有着极其密切的关系。"在城市中，人们的行为和相互关系需要遵守和顺应各种规则，城市聚集所产生的问题必须有解决方式，城市居民的密切相处不仅能够形成规模较大的市场，而且可以支持各种组织性活动，更不用说，城市的正常运行必须有较强的社会管理机制，因此，城市的形成和规模化，可以作为社会组织水平及文明程度的一个度量指标。

表1　东西方核心地区最大聚居地的人口数量（单位：千人）

年代（年）	西方	东方
公元2000	16700（纽约）	26700（东京）
1900	6600（伦敦）	1750（东京）
1800	900（伦敦）	1100（北京）
1700	600（伦敦，君士坦丁堡）	650（北京）
1600	400（君士坦丁堡）	700（北京）
1500	100（君士坦丁堡）	600（北京）
1400	125（开罗）	500（南京）
1200	250（巴格达，开罗，君士坦丁堡）	800（杭州）
1000	200（科尔多瓦）	1000（开封）

年代（年）	西方	东方
800	175（大马士革）	1000（长安）
600	125（君士坦丁堡）	250（大兴城）

资料来源：伊恩·莫里斯，《西方将主宰多久：东方为什么落后，西方为什么能崛起》。注：本表有删减。

从这一角度来看，过去西方所接受的一个传统观点，即认为中国人缺乏组织纪律性，就像一盘散沙，是没有多少根据的。中国数千年文明史，保持了庞大国家的统一和文明进程的连续性。直到19世纪，世界最大聚居地一直是中国的城市（见表1）。这就可以表明，中国历史的文化传统是支持经济体的组织化的。这种组织化表现为正式组织（行政系统），也有各种类型的民间组织以及隐性组织。纵观数千年世界历史，即使是在被称为封建社会的时代，欧洲各国都分裂为众多独立的领地小国，经历了黑暗的中世纪，而中国却保持着大一统的中央集权制国家制度，总体上未分裂。如果从"规模同组织化具有高度相关性"的逻辑来看，组织资本的存在和长期积累反倒是中国经济社会的一个传统文化特征。通俗地说就是：中国人既"会管"也"服管"，自古以来关于"如何管"的思想文献汗牛充栋，中国哲学的关切点高度聚焦于国家和社会的组织和治理问题。

新中国成立后，中国经济社会的组织化程度有了极大提高，中国共产党作为中国经济社会的最大域观特征，是中国组织能力的突出表现和中枢力量。中国共产党的组织能量和其对经济社会组织系统的组织资本渗透性是古今世界所罕见的，中国的组织化特征体现在社会生活的几乎所有领域。

在这次新冠肺炎疫情中，中国采取的抗疫方式突出显示了其基于雄厚组织本的极强的组织能力。从世界范围看，由于具体国情不同，各国所采取的抗疫方式也很不相同。大致可以分为三种做法（见表2）：第一种方式是"相机处置"，即着力于及时发现、及时隔离、及时治疗，防患于未然，其前提是能够及时预警，快速反应。这就要求有精细化的组织能力和较高专业素质。而且其组织化要体现在明确的行为规则上，这样才能保证及时预警，做出专业判断，实现快速反应。

第二种方式是"全线动员"，即发动全社会力量，大范围隔离传染源，阻断传染途径，力求收治所有患者，包括隔离所有感染者，其执行效果取决于多方面的条件支持。实行这种方式需要有强有力的组织方式和执行力，而且要得到民众广泛认同并高度配合，要有社区基层组织的有效参与。中国对武汉进行高度严格的封城管控，在全国实行普遍的隔离措施，这是人类历史上除战争时期外，罕见的社会动员行动。而且可以做到：一方面严格隔离管控，直至封城；另一方面保证社会秩序稳定，保障民生产品的供应。其组织难度显然是极大。所以，世界卫生组织高度肯定中国的做法，建议其他国家可以借鉴和学习中国经验，但并不要求它们也实行同样的方式。因为各国所拥有的组织资本和社会组织化素质是非常不同的。

第三种方式是"底线守卫"，也就是当感染者和病患者的数量已超出医疗体系的收治能力，或考虑到资源和代价承受能力，而让轻症者自处自愈，医院主要收治重症者，力求减少死亡，即守住生命底线。并等待形成"集体免疫力"以及疫苗和特效药物的研发生产。这种方式对组织能力的要求是，能够动员调集医疗机构，使之处于积极响应状态，致力于保持病患就医人数同医疗体制的救治能力间的基本平衡。其潜在逻辑是相信大多数感染者能够依靠免疫力而自愈，并形成人群的集体免疫屏障，阻止病毒传播。这是一种低组织成本方式，其效果和风险显然是很大的。

表2　抗疫方式的主要类型

类型	主要措施	资源配置要求	组织能力
相机处置	及时发现，及时隔离，及时治疗	及时预警，快速反应	适当的组织方式和较高的专业素质
全线动员	封堵传染源和传染途径，全方位隔离，收治所有患者	可以投入大量资源，承受较大代价	强有力的组织方式，民众认同并高度配合
底线守卫	轻症自处自愈，重症住院治疗，尽力减少死亡	医院救治能力	具有动员调集医疗机构的社会组织能力

资料来源：作者整理。

在抗疫过程中，中国以全线动员作为主要方式，依靠强大的组织能力取得显著成效。而且，中国经济制度所具有的高度组织化能力，也直接支持了抗疫成效。例如在极短的时间内就迅速建成武汉火神山、雷神山两座医院和十几家方舱医院，以及调集各地的医疗资源支持武汉医疗体系，并确保民生物资供应，社区基层组织维护实行封城和严格隔离措施之下的社会生活稳定等，都是中国特色社会主义制度下可行的组织化行动。尽管这是特殊情况下所采取的非常规方式，但也是中国经济社会制度的内在性质和规律的显现，实际上是在非常态条件下所显现的中国制度的固有组织资本优势，因此，尽管具有极端性和对个人行为强烈的限制性，但却可以得到大多数人的理解和配合。这表明，这样的组织化要素，是内嵌于中国经济社会的体系之中的，很少有人感觉接受管控是对某种异己力量的"逆来顺受"，而是认为体现了集体主义理所当然的合理性，是一种有效组织方式。可以说，在这次新冠疫情时期，充分展现了中国经济社会的组织化特色，也反映了中国经济所具有的极为显著的域观特征。

同经济规模直接相关的另一个问题是，企业规模同组织能力及组织效力之间的关系。关于这一问题，经济学和管理学界已有大量的研究成果。一般认为，企业规模越大，对管理的要求越高，企业必须付出的组织成本就越高，直到过大企业从规模经济变得规模不经济。著名的科斯定律就反映了这一关系的基本性质：实际上就是在市场组织和企业组织的交替关系中寻求最优平衡点。前者称为交易成本，后者称为管理成本。当企业规模过大，管理成本很高时，企业规模就达到了经济合理性边界，需要以市场交换关系来替代企业内部管理的科层组织方式，即组织外化（将企业内组织关系转变为企业外组织关系）。反之，由于市场过程也是有"摩擦"和需要进行组织管理的，也就是说，市场运行也是有成本的。特别是，市场过程还有很大的不确定性，可能发生较高的风险成本，这些就被科斯统称为"交易成本"。当市场过程的交易成本过高时，企业就可以用内部管理的方式，即表现为以扩大企业规模和管理范围的方式来替代市场交换过程，实际上就是以企业组织替代市场

（产业）组织，实现组织内化（将企业外组织关系转变为企业内组织关系）。可见，科斯定律所涉及的，实质上是经济主体达到的组织化程度，其所需付出的组织成本如何由市场交易来替代（组织外化），以及经济体（市场体系）的交易成本如何由组织化程度和组织效率较高的经济主体来替代（组织内化）的问题。

当发生新冠肺炎疫情时，市场过程和企业生产都受到极大冲击。特别是市场的交易过程受阻，交易成本增大，市场运行的通畅性大大降低。此时，不同类型的企业的承受力差别就显现出来。大型企业，尤其是国有企业，不仅经济实力强，而且组织能力也强，因此具有较大能力抗御市场剧烈波动的风险。而且，当疫情后期复工复产时，大型企业尤其是大型国有企业的恢复速度也显著快于中小型企业。原因当然会有许多，但组织资本的差异无疑是其中一个非常重要的决定因素。

从经济学的基本逻辑看，在市场经济制度下，价格系统是基本的调节手段，抽象的经济学分析通常是在价格系统作为唯一调节方式的假设条件下进行理论推演。如诺贝尔经济学奖获得者、美国著名经济学家肯尼斯·阿罗所说，价格调节的局限性使得"价格系统有着严重的困难，甚至可以说，在其自己的逻辑里，这些困难强化了这样的观点，即虽然它在某些领域是有价值的，但不可使之成为社会生活完完全全的主宰者"。根本的原因是，"一个个体在任何时刻都必然面对一种他的个人欲望与社会要求之间的冲突"。所以，社会需要有另一种方式来调节个体与集体及社会之间的关系，"组织是在价格系统失效的情况下，一种实现集体行动的利益的手段"。

其实，组织还并不仅仅是替代价格系统的另一种手段，也就是说，它同价格调节并非二择一的替代关系，而在很大程度上是互补关系，在许多情况下，两者往往难以区分。在现实经济中，价格体系只有在一定的社会组织体制中才能有序和有效地发挥作用，如果没有一定的社会组织条件，价格调节不仅难以实现效率和公平，而且会出现秩序混乱。如果没有一定的组织系统来维护市场秩序和产权安全，"交换"行为恐怕不是"抢劫"行为的对手。当然，在组织过程和组织行为中，价格系统也有重要作用，特别是组织效率往往需要以价格系统为激励机制和评价准则。所以，价格系统与组织系统高度相关，而且两者难分第一性和第二性。如果说价格机制同人类的相互交换本能相关，那么，组织关系也同人类的相互依存本能相关。人类从诞生的那一天起，就必须依存于其他人，需要其他人哺育呵护。而随着人类不断成长，依存现象就从起先的生物性关系为主，逐渐转变为越来越具有社会性的关系，实现依存关系的组织形式越来越复杂，组织规模越来越大。在现实经济社会中，几乎没有完全同组织无关的人，每一个人都是一定组织中的人。所以，人绝非孤立之人，而是"集体"中的人，即一定组织系统中的"社会人"。也就是说，人类必然要生存于一定的组织系统之中，组织能力是人类生存的繁衍的基本能力。而人类的组织能力既具有先天（遗传）的自然性，即是其生物本能；更具有后天的社会性，即是人类社会的文化现象。所谓"人性"就成为马克思所说的"社会关系的总和"。

由于组织能力是一种文化现象，而文化素质与物质资本一样是可以不断积累的，所以，组织能力可以不断积淀和累积，因而具有类似"资本"的性质。这在一定意义上可以理论化为：组织能力和组织文化的积累可以形成组织资本。组织资本的强弱（存量）决定达成组织目标的速度（效率）：包括领导力、决策力、想象力和执行力。也可以说，作为一种文化积累（传统），组织资本是能够使个人及基层（微观）经济主体与（域观、宏观）经济体的组织目标实现迅速协调而达成行动一致性的调控能力或机体素质。

既然组织资本是一种文化素质或能力，那么，就同经济学家以及社会学家们所研究的社会资本有密切的关系。社会资本也是文化性的因素，一般认为，它是在共同价值观或价值认同下所达成的相互信任，以此为基础可以减少市场过程中的交易成本，提高经济运行效率。社会资本不是正式制度，而是一种非正式的（默认）行为规则。很显然，社会资本有助于增强组织资本，人们对于组织目标以及所采取的组织方式的认同感，特别是价值观一致性，对于组织能力和组织效率的实现具有重要影响。社会资本有助于提高组织效能，既包括产业组织理论所研究的"市场绩效"，包括市场运行过程中的秩序效率，当然也包括各类经济主体的组织素质。

与经济学家定义的"社会资本"所不同的是，组织资本通常更具有正式制度或明文规则的特征。组织资本最终体现在个人及各类经济主体的行动协调性上，而这种协调性更具有明确性（确定性），往往具有程度不同的强制性，有些是必须做到令行禁止的。如果不服从，就会被视为"违规"或"违法"而受到惩罚。也就是说，组织资本在许多情况下是体现为组织纪律的。组织资本比社会资本更具制度性、正规性和显在性。

正因为这样，由于文化的多样性，各国各类经济体或经济主体所拥有的组织资本是不同的。在这次新冠肺炎疫情中，我们可以非常明显地看到，各国所具有的不同组织资本状况，因而选择不尽相同的抗疫方式。

三、经济体的主体化和组织目标实现

按照主流经济学的思维方式，市场—政府是一个基本范式框架。所有的经济关系和经济现象都要尽可能地装进这个范式框架之中。凡无法装进去的，就被作为"假定其他条件不变"中的因素也不予考虑了，即所谓"抽象掉"了。因此，在理论经济学所构想的经济世界中，假定厂商（企业）是市场中的经济主体，所有的厂商在"产业""区域""国家"或"世界市场"中进行生产和投资活动，而产业、区域、国家、世界市场，则可以视为各类经济体。各类经济体实际上也可以被理解为一定范围中的市场。因此，关于企业在各经济体（即一定市场范围）中的组织问题的研究，即关于产业组织的研究，实际上就是对生产同类产品的一个市场，也就是一个具有产品同质性和竞争性的经济体（经济活动空间）的研究。因而关于产业组织研究，主要集中于四类核心议题：

1.竞争或垄断的程度。在特定的市场上，竞争与垄断的力量有多大？通常情况下，市场结构对竞争与垄断有重要影响。

2.竞争或垄断的决定因素。决定竞争强度的重要因素有技术、规模经济和规模不经济。

3.厂商行为。竞争与垄断怎样影响厂商行为？通常情况下，居支配地位的厂商或寡头厂商的定价等经营策略对市场有重要影响。

4.市场绩效。竞争强度和垄断力量怎样影响利润、价格、创新和其他绩效指标。

在中国经济学界，一般将产业组织理论研究定位于：规模经济（范围经济）、市场集中、进入与退出壁垒、企业创新行为、企业并购行为、博弈论与企业策略行为、市场绩效等与市场运行相关的问题。在学术逻辑上，一般认为"产业组织理论是微观经济学的纵深发展，以帮助人们分析现实中的市场"。而在洪银兴主编的《现代经济学大典》中的表述则是："产业组织是以微观经济理论为基础，主要研究特定产业内企业之间的垄断和竞争关系，并以结构、行为绩效和产业组织政策、产业竞争政策为基本理论框架。"进而将产业组织理论扩展到关于产业结构、产业关联、产业布局、产业发展、产业政策的研究，形成体系庞大的产业经济学科。可见，产业经济学可以视为广义的产业组织问题研究。在这个范式框架中，"政府"是作为一个市场之外的政策调控者而发挥作用的，似同于产业组织关系中的一个规则制定者和秩序维护者，实际上是产业组织中真正发挥市场组织功能的自觉性主体。

这样构建的学科体系非常庞大，虽然以"组织"命名，但关于经济关系和经济现象中的组织能力的研究，通常很少为经济研究所重视，甚至关于"组织"概念的学术意涵都不很明确清晰。例如，对于何为"产业组织"，在经济学及产业经济学中都不求其确切的概念定义。所以，尽管"组织"现象普遍存在，但关于"组织"的理论却很不深入，它几乎被产业组织理论构想为就是"产业结构"体现，即企业规模比例问题。进而以结构—行为—绩效的逻辑框架来观察和分析产业市场运行的现象和问题。这样，以经济学理论框架中的经济主体行为，特别是经济主体的目标追求来解释市场经济发生的现实过程和历史，就表现得非常力不从心。尽管模型可以做得非常精致，但距离现实却十分遥远。

实际上，由于"组织"因素的普遍存在，在现实经济中，各类经济体都可能是主体化的，即经济学范式承诺中的经济体，尽管其特征是并无自觉性的组织目标，但往往是会具有一定的主体性的，也就会具有其自觉性的组织目标。特别是作为经济体的"国家"，绝不仅仅是让作为经济主体的厂商（企业）在其提供的运行条件下（国内市场中）进行经济活动的空间场所，而是本身就可能会具有强烈的组织目标，即本身就成为经济活动（市场）中的行为主体，而且是更具全局性（整体性）的利益主体，而真实的经济主体反倒成为它的组成单位。这可以称之为经济体的主体化。

经济学中所设想的经济体的主体化，其理论含义就是在一定的组织化制度安排下，自规性组织在一定程度上转变为了自觉性组织，即自规性组织具有了组织能力和组织目标。以此理论框架来解释现实经济发展过程，就可以清晰地看到：近现代市场经济形成、西方国家工业化、经济全球化的进程，并非主要由作为经济主体的厂商（企业）的市场行为所推动和实现，而是由国家这一主体化的经济体的强大组织力量所推动和实现的。例如，以英国所推动的第一次工业革命及经济全球化和以美国主导的第二次工业革命及经济全球化，都是具有"帝国"特征的历史过程。这样的国家不仅仅是一个市场经济体，也是一个有强烈国家意识的经济主体，所以经济全球化并非市场经济体"在不经意间"实现的，而是在帝国所认定的组织目标引领下实现的。如历史学家所说："1615年，英伦诸岛还是一个经济上缺乏活力、政治上四分五裂的二流国家。而200年后，大不列颠却掌控着有史以来最大的帝国，在五大洲建立了43个殖民地……他们掠夺西班牙、偷师荷兰人、击败法国人、劫掠印度人。现在，他们成为最高统治者。""难道这都是'在不经意间'完成的吗？显然不是。从伊丽莎白一世开始，旨在争夺其他帝国领土的战争就从未停息过。"

"虽然美国一开始采纳的是与大英帝国背道而驰的模式，现在却与之日益相像——就像年轻时叛逆的儿子成年后却与他们曾经不以为然的父亲愈加相似……历史上没有其他帝国能跟美国今天想要达到的目标更相似了。'自由贸易的大英帝国时代'——从1850年到1930年——在帝国史上鹤立鸡群。作为第一帝国强权，大英帝国不仅输出商品、人力和资本，而且还输出其社会与政治制度，成功地为解决全球化提供动力。"就解决资源和军事能力而言，美国不仅与曾经的大英帝国非常相像，而且某些方面要有过之而无不及。可见，市场经济在世界的扩展，依靠的是国家这一高度主体化的经济体，以其强大的组织力量来实现的。

人们通常把强调发挥国家的组织力量，称之为"国家主义"或"国家资本主义"，似乎这只是市场经济制度中的一种模式，而且被认为是不很正常的模式。其实，几乎所有的市场经济国家，尤其是大国，无一不需要增强和运用其组织能力。而且不仅仅是自规性组织能力，即表现为维护有效运行的市场秩序和市场绩效，更重要的是发挥自觉性组织能力，即具有明确的组织目标，并且力图以尽可能快的速度实现组织目标。如前所述，达成组织目标的速度即效率，正是自觉性组织能力的最直接体现。

很显然，经济体的主体化，取决于组织资本的积累，如果缺乏组织资本，经济体就难以主体化。这表现为：既要能确定经济体的组织目标，又要能找到实现组织目标的手段，而且这种手段还必须能够被装进"市场—政府"的范式框架中。与经济主体不同，经济体的组织目标达成与否，不是靠其成员的直接感受，而是需要"评估"的。例如，产业组织理论所研究的市场绩效就是如此。这与作为真实利益主体的经济主体，即个人及厂商是不同的。真实利益主体取得裨益或遭受损失，其自身或其成员是会感到快乐或痛苦的。而经济体的利益具有虚拟性，即它自身并不会因获得裨益或遭受损失而感觉快乐或痛苦，它的利益和损失是采用统计方式进行评估来表征的，而对于这一评估结果经济体中的各成员可能并不具有相同的感受。

所以，经济体主体化的一个组织问题就是：如何使得经济体具有真实集体性，形成对集体利益的认同感，也就是要使得它的组成成员对于集体的获益或受损具有可感受性，即有所谓"获得感"（或受损感）。理论上说，这种可感受性或获得感，可以是直接的个体感受，也可以是观念性的抽象感受，前者基于个人，后者基于集体，也分别称为个人主义或集体主义。由此可以推论，更具集体主义价值观念的经济体，就更容易对经济体的主体化具有益损的可感受性，因而更有助于形成组织能力和实现组织资本的积累。

当然，具有一定的集体性，即把个体归类为某个集体的成员，是人类思维的一个重要特征。例如，当说某人是某国人时，在观念上已将某人归之为某国的集体（组织）成员。亚当·斯密说："无论人们会认为某人怎样自私，这个人的天赋中总是明显地存在着这样的一些本性，这些本性使他关心别人的命运，把别人的幸福看成是自己的事情，虽然他除了看到别人幸福而感到高兴以外，一无所得。"这种同情心，当然会首先并且更强烈地表现在对同一集体（例如同一国家）之内的"别人"的关切。可以说，人类的语言结构和心理结构都可以反映人类是具有集体主义的组织化基因的。

而在传统经济学范式中，对经济主体的行为假定却是高度个人主义的：微观经济主体，即厂商或企业被视为"黑箱"，只可观察其行为表现，而不深究其内部关系（这被交由管理学进行研究）。这样，实际为集体性经济主体的"黑箱"也被假定具有个人主义的行为目标，即追求经济剩余即利润最大化。而关于经济体，则被视为经济主体在其中运行的"经济空间"，被定义为"产业（市场）""区域""国家""世界市场"等。在经济学研究中，它们都是被认为是应该尽可能开放和可观察的"白箱"。市场经济的理论逻辑倾向于认为，这些"白箱"越开放，越是无边界化，作为经济主体的企业，行动就越自由；各种生产要素在经济体内和经济体之间的流动越通畅自由，竞争就越充分，经济效率就越高。这就是经济学关于市场经济的逻辑"底基"或"底色"：作为"黑箱"的经济主体，在作为"白箱"的经济体中及经济体间，进行自由自在的自主运动。

正是在此范式承诺的基础之上，如前所述，经济学将对经济组织的研究主要局限于市场的竞争和垄断现象之上，进行所谓"产业组织"的经济学研究。产业组织经济学认为，竞争是最有效率的，因而所要研究的核心问题就是"有效竞争"。而竞争的对立是垄断，所以研究垄断也就是研究有效竞争。因而，在西方经济学学科体系中，"'产业组织'是微观经济理论的一个重要分支：它是关于供给的应用性研究。通俗地说，它研究大企业、公司的力量和垄断问题。通常也被称为'竞争理论'或者'反垄断经济学'。"

这样的市场经济理论似乎是在研究产业组织，实际上是忽略作为经济运行中的一个重要因素，即组织能力和组织资本的研究。它倾向于将组织视为经济主体之内的因素，而经济体与经济体之间的组织关系则被视为自发生成的和没有自觉性的现象，只不过是，作为管制机构的"政府"可以对其进行政策调控，即实施上述反垄断政策或产业结构政策。因而经济学必然会忽视关于一个重要问题的深入研究：当经济主体和各类经济体都在不同程度上组织化时，现实的市场经济就会变得多样化，也就是说，市场经济是可以用不同的方式组织起来的，因而可以存在不同类型的市场经济。

但一些经济学家不赞成这样的观点，他们主张，只要是市场经济，就必然是遵循相同的经济规律。经济规律完全是客观的，人的主观意志包括组织行为的能动性不可能改变客观经济规律。所以，经济学也只可能有唯一的一种正确理论体系，而不应有中国特色社会主义经济学和西方经济学的区别。究其理论逻辑，就是不承认组织因素在市场经济中的重要作用，没有看到，由于组织方式和组织资本的差别，市场经济制度在各国的现实类型是非常不同的，因而，各经济体在不同的主体化方式下，运用组织政策来调节经济关系和经济运行的方式也大相径庭。而且，制度或体制本质上就是组织形式，不同国家的组织进化所形成的组织形态可以是各具特色的。所以，我们几乎看不到世界上有两个完全相同的市场经济国家，就像"自然界没有完全相同的两片树叶"一样。在新冠肺炎疫情期间，以极端的方式将这一问题凸显出来，各国抗疫方式可以相互学习借鉴，但各国所采取的抗疫政策选择是非常不同的，其实反映的是不同类型市场经济之间的很大差别，所采取的组织政策选择都得适应自己国家的具体国情。

四、政府作为及组织政策

如前所述，如果我们将"组织资本"定义为：达成组织目标的效率素质和能力，那么，就可以从实体（组织体）、行为过程（组织关系）和质态（组织素质）三个方面来刻画组织资本的含义。

作为实体，即组织体：组织资本的载体——"经济组织是人们所创造的一种实体，人们在这种实体中并通过这种实体而相互作用，以达到个人和集体的经济目的。经济体系由人与组织的网络所构成，低级组织通过高级组织联系起来"，"最高级的组织是作为整体的经济本身……因为它强调经济体系是人为的创造，而且较小的更规范的组织所面临的许多问题在整个经济水平上也同样存在"。按照这样的理解，所有的经济实体除了个人，均为组织实体，包括整个经济（即通常所说的"宏观经济"）。

作为行为过程，即组织关系：组织资本表现为人类的一种有规则的行为方式及其所形成的行为过程状态，包括人与人的互动、协调、分工、合作等，所有这些都是在组织过程中实现的。

作为质态，即组织素质：组织资本表现为人类的观念和群体文化，并固定化、常态化或长期化地内嵌于经济实体与经济过程中而形成的域观特征，在观念上可以被想象为是一种生产要素或要素素质。

从实体、过程和质态三方面综合，提炼为"组织资本"范畴意涵，它既有物质资本那样的有形性，也有技术资本、人力资本那样的流体性，还具有社会资本那样的文化无形性。组织资本就像是经济体系中的编码系统，有形无形地发挥着强有力的调控作用。经济学理论中所说的市场那只"看不见的手"，以及政府这只"看得见的手"，其实都是通过组织系统和组织过程来发挥作用的。只有基于组织资本，经济才能运行，政府才可能实施各种经济政策，达成政策目标。在这一意义上，组织资本也可以被视为是协调个人或经济主体行为的力量，并以此而形成集体行为秩序的能动因素。

深入分析就可以看到，宏观政策和产业政策，均基于一定的组织体系和组织机理。宏观政策基于人所构建的，即人为组织的金融系统和财政体系，从而才可能有货币政策和财政政策的操作方式。产业政策更是作用于组织化的实体经济。所以，如果没有组织资本和组织行为，就根本没有任何经济政策的实施基础。

当前，中国以供给侧结构性改革作为政府参与和干预经济活动的主要方式，这并非一次性的制度改革，而是连续性和阶段性的供给行为规则的组织调整适应过程，在很大程度可以称为组织政策或者是组织政策的重要体现。也就是说，供给侧结构性改革体现了中国经济发展中政府所发挥的组织政策效应：一方面，确定改革方向，进行顶层设计，构建和完善组织体系，完善社会主义市场经济制度；另一方面，更是为了达成一定的组织目标——国民经济发展规划目标、国家发展的中长期目标等。前者的含义是组织规则设计；后者的含义则是组织目标实现。

从这一重要角度来看，世界各国的组织特征也是有很大差别的，即各有其域观特征。中国经济发展有其明确的中长期发展目标，还有较详细的五年规划，以及特别关注的重要政策目标。例如，要全面实现小康社会目标，要实现现有标准下的全面脱贫目标等。而许多国家并无这样的组织目标，而是更关注政府任期内的当选人承诺目标。各国为了达成自己的组织目标，所采用的政策手段也是各有不同选择的。总之，在经济学的原有范式框架中，"政府"可以有其组织目标，也可以选择达成组织目标的政策，但是，其在经济学中的学术空间却是比较小的。

其原因之一是，如果将组织资本和组织政策提炼为经济学的学术范式，就超越了主流经济学的市场—政府思维，即微观经济主体—政府调控构架，而扩展到了经济体更广泛的组织领域，即进行经济体的规则设计。西方经济学家在这方面有所探索。例如，美国政治经济学家埃莉诺·奥斯特罗姆因"对公共池塘资源的治理做出了开创性研究"而获得2009年诺贝尔经济学奖。她认为，对公共资源的管理并非如主流经济学所说的那样，只能通过私有化或者政府管制两种方式，而是可以通过对制度的设计来解决。由于"资源随着时间和地点而改变，因而没有适合所有环境的单一规则"。"如果想要获得成功，资源管理的规则需要反映社会文化的多样性"。因而，各不同地方（社区）应设计适应本地具体情况的制度，才能来进行资源的有效管理。这实际上就是将经济体系中的组织因素调动起来，以组织安排和组织规则的方式，通过因地制宜地控制资源使用的规则来管理资源。这在理论逻辑上，同供给侧结构性改革的含义具有一定的类同性，即进行经济体的组织体系结构调适和秩序规则安排。

特别需要指出的是，经济体的主体化和组织资本的增强绝非经济体的封闭化和内部集权化，更不是行政力量的深度介入。有效的组织化同经济自由并不对立，相反，组织化与自由化具有内在一致性，即只有在组织资本支撑下，经济自由才可能是有序的和高效率的。而且，经济全球化所要求的经济体开放，也取决于组织资本的效能：既能运转通畅，又能抗御风险，保持边界安全。如果要发展到经济体的高度开放，以至实现无边界化，如欧盟那样，则更需要有强大的组织资本来保证其有序性。否则，如果组织资本能力无法确保不断扩大的经济体开放和不同经济体的一体化，就会产生很大的协调问题和边界（移民）管控困难，以及对金融秩序、财政纪律的冲击。如果不能解决这些组织困难，开放经济体而构建不同经济体的一体化经济体，就会遇到严重的组织性危机。

五、组织效率、组织冗余与组织进化

从本质上说，组织资本的功能是为了提高组织效率，让经济主体或经济体能够更有效地运行并达成其组织目标。英国著名历史学家尼尔·弗格森在《文明》一书的中文版前言中有一段这样的话："40年前，理查德·尼克松比其他多数人更早地察觉到中国的巨大潜能。他在深思后说：'你可以静想一下，假如任何一个体制健全的政府能够控制中国大陆，天哪，那世界上就没有一个国家能与之匹敌。我的意思是，如果8亿中国人在一个健全的体系下组织起来……那他们将主导世界。'一些评论家认为这个预言正在成为现实。"尼克松的观察和思考是极有见地的，当然，作为美国总统，对此他可能也有一些担心。当年的中国是8亿人口，今天的中国已有14亿多人口。如果能够高效率地组织起来，会成为无国可以匹敌和忽视的巨大力量。有组织性的国家或经济体同无组织的国家或经济体是不可同日而语的，所以，实际上每一个国家都会尽力增强自己的组织资本，以提高组织效率。

由于组织资本同社会资本都是文化积累，所以，不同经济体及经济主体的组织资本积累状况具有很大差异性。而且，整个社会对经济活动的组织化程度和组织形式会具有不同的可接受性。任何有组织性的行为规则，都需要以一定的个体牺牲来达成集体的组织目标。这种个体牺牲可能是习惯性的规则（认为是理应如此），也可能是强制性的服从（认为是得失权衡）。而在不同的社会意识和价值文化条件下，个人主义与集体主义的倾向是有很大差别的，所以，组织资本的积累和表现形态也必然会有很大差异。人们通常称之为文化差异或不同国情。正是由于存在这样的差异，所以，各经济体或经济主体的比较优势和竞争力，不仅取决于生产要素的比较优势，还取决于组织资本的比较优势。

国家是客观存在的经济体，而不能将其想象为如同绝对空间那样的经济场域，因为，如前所述，作为经济体的国家是可以，而且实际上也总是具有一定程度的主体性的，在经济学理论抽象上，她就是一个得到特别关切的集体利益主体（不要忘记，经济学同政治经济学的学术同源性，后者主要是以国家利益为关切点的）。所以运用国家的经济主体性，即确定国家的自觉性组织目标，并以一定的速度达成其组织目标，是所有现代国家的共同特征，完全自由放任的国家或完全没有组织目标的国家是不存在的。如果那样，可以说其是不称为国家的。由于各国的政治制度和价值文化不同，组织资本状况有很大差别，所以如何提高其组织效率，是各国面临的经济体制和组织方式的重大选择。这一定程度上也可以视之为组织政策选择。

中国经济的一个重要组织特征就是存在实力强大的国有经济和国有企业。国有经济和国有企业掌控国民经济命脉，是中国政治制度和价值文化所广泛认同的组织性质，具有宪法确认的组织体系原则规定性，并被普遍认为，这样的组织体系有助于保证组织效率。中国的宏观经济政策、产业政策和本文所说的组织政策，都是在这样的制度框架即组织系统中实施的。在应对这次新冠肺炎疫情中，中国经济的组织效率得以充分展现：能够承受巨大代价，并得到社会认同和配合，以尽快达到组织目标，即抑制病毒蔓延和减少病死率。

当然，任何事物都有两面性，各种组织体系在达成组织目标上都会有不同的利弊得失。组织资本的大量积累和组织化程度的不断提高，超过一定限度，就会形成组织冗余，即组织系统的程序复杂、环节重叠、过程僵化、冗员充斥，导致现在人们常说的形式主义、官僚主义弊端，从而损害组织效率。因此，体制改革和规则变动，成为组织系统的常态，永无止境。这其实正表明了，在经济过程中，组织因素和组织资本的重要性，它不是"外部条件"而是内在要素，经济学研究不应将其作为"假定其他条件不变"中被抽象的因素；或者认为通过一次性改革就可以将"不合理现象"克服掉，而转变为合理状态，因而可以作为不予考虑的因素。必须看到，组织因素是伴随经济运行和经济发展整个过程的重要因素。如果没有组织因素，经济运行和经济发展是根本无法进行的。

按照这样的理解，经济体和经济主体的组织进化就会成为非常值得观察和研究的问题。由于各国的组织资本积累和形态各不相同，所以，其进化路径和方向不可能是线性一元化的，而必然是多样化的。纵观世界各国，即使是经济发达国家，其体制机制也都有各自特质，难以一律。更不用说是广大的发展中国家和经济落后的国家，尽管绝大多数国家都实行市场经济。每一个国家均有其显著的域观特征。当今世界经济的最基本性质仍然是工业化。尽管几乎所有国家的经济发展和经济现代化都必须走工业化的道路，但工业化在各国的表现却各具特色。其中，组织资本在工业化过程中的作用极为巨大，例如，中国经济的雄厚组织资本所支持的"中国制造""中国基建"以及完整的制造业体系，在全球范围内的独特性，是难以为其他国家所模仿的。这是中国经济组织进化的域观特征的突出表现，其他国家的组织进化当然也都会有各自的域观特征。

六、经济全球化及其组织资本基础

按照经济学的传统理解和描述，经济全球化是一个自由主义的新古典经济学过程，即资本、人员、技术等市场要素自由流动，突破国界，形成跨国的以至全球范围的有效配置。其实这只是一个理论想象或假想，现实过程并非如此。

回顾第二次世界大战以来的经济全球化过程，就可以看到，经济全球化实际上是一个高度组织化的过程。且不用说，起先所构建的有两个平行市场的经济全球化（实际上是"半球化"），即美国主导的世界资本主义市场和苏联主导的经济合作组织市场。20世纪90年代苏联解体后，由美国主导的经济全球化才真正开始成形。那么，这个由美国主导的经济全球化是如何出现和成长的呢？

首先，需要对经济全球化的货币体系、贸易体系和政治协商体系进行组织构建。众所周知，这就是布雷顿森林体系、国际货币基金组织、世界贸易组织，以及联合国等世界性组织的建立。

其次，世界主要的几个经济强国进行制度构建，美国都发挥了重要作用。二战结束后，美国派遣占领军对德国、日本等原来的法西斯主义国家进行制度改造，使他们转变成为自由市场经济国家。可以说，德国和日本的市场经济完全是按照美国的意志构建起来的，当然也保持了各自的一些重要特色，例如，德国实行的是社会市场经济体制，日本也有其显著的经济组织特点。总之，经济全球化是一个组织化的过程，而不是一个自由放任的过程。

再次，美国此后还一直试图把这样的经济制度推行到所有被它占领或控制的国家，但由于缺乏组织能力，不仅没有成功，而且导致那些国家社会失序，造成冲突、混乱和战争。英国历史学家尼尔·弗格森在《巨人》一书中叙述了美国之所以没能成功组织好占领国的一个重要原因是缺乏能够组织管理当地国家的人力资本，因而构想得很美，组织得很差。"当美国人选择定居海外时，他们喜欢选择发达地区。""他们是不会离开大都市而前往遥远偏僻的土地的。""美国精英教育机构的毕业生似乎特别不愿意去海外，除了短暂的访问或度假之外。""美国人对他们事实上的帝国统治范围只愿意做短暂的访问，而不愿意在那里定居下来。"

最后，战后凡是市场经济发展比较有序的国家或地区，大都依靠较强的组织能力而构建起来，例如，新加坡、韩国等。还有，澳大利亚、加拿大等国，都有自身的组织资本力量，或者借助了英美的组织传统资源。

可见，真正可行和可持续的经济全球化是需要有强有力的组织力量来支撑的，绝不是一个自然而然地"在不经意间"完成的过程。而且，其中还必须有一些组织资本较强的国家，作为它的中坚力量。美国尽管声称实行自由主义市场经济制度，实际上，其国家的组织资本是非常强大的，它的金融体系、财政体系、军事体系、国家安全体系等，都是高度组织化的。美国推行经济全球化，绝不是靠自由主义的市场过程，而是依靠其极为雄厚的组织资本进行精心设计和组织安排的过程，而且始终具有强烈的战略性。同时，由于它的组织资本供应不足，也使得由它主导的经济全球化充满矛盾和失序现象。

如前所述，中国实际上具有很强的组织文化传统，当代的中国政治经济制度更使得中国成为组织资本极为强大的国家。所以，21世纪以来，中国加入经济全球化，是经济全球化之福。只有中美合作，经济全球化才可能有足够的组织资本支撑力，否则，经济全球化是难以良性发展的，甚至可能产生混乱和冲突而没有解决之力。也就是说，经济全球化必须要有秩序规则，需要有强大的组织力量来维护这样的秩序规则，特别是海洋自由航行安全、科学技术发展规则、产权包括技术知识产权的保护规则等，都是需要有得以维护的组织构建系统和组织资本支撑。

另一方面，经济全球化不仅能产生巨大的利益，也会有很大的风险。人员、资本、技术在国际的高度可流动性，也使得风险的扩散成为全球性问题。例如，病菌病毒的全球性流行、恐怖主义的国际蔓延、腐败（洗钱）行为的国际化、人类活动对地球气候的影响等，都是在经济全球化中难以避免的现象，人类必须通过更强有力的组织资本来应对和管控。

这次新冠肺炎疫情的暴发可以看到，中国发挥出了超强的组织资本能力，世界卫生组织对之高度肯定，并希望其他国家从中国行动中吸取经验。应对传染病疫情，是经济全球化长期要面对的问题，从卫生医疗队伍、科学技术支持、国际合作到社会管控等，无不需要有组织资本的支撑。可以说，如果缺乏组织资本，仅仅是病菌病毒感染传播这一个问题，就可以使得这个世界时时面临灾难，人人担心可能大难临头，哪里还可能有正常的经济全球化局面？

按照新古典经济学的思维，既然经济全球化是全球范围的经济自由和公平竞争，那么所有经济主体即竞争者都必须性质相同，实际上所有国家的经济都应该改造得"同美国一样"，否则就无法进行公平竞争和资源最优配置。这在理论上似乎是合乎逻辑的，但现实并非如此。经济全球化并不会是世界各国经济制度的同质化，而只会是多样化，和而相通、相融互利，形成全球互联的格局。而且需要有组织资本作为经济全球化不可或缺的重要资源和力量。但同其他资源一样，组织资本的分布也是不均匀的。在世界经济体系中，组织资本较雄厚的国家，通常表现为财经纪律较严格、企业凝聚力和竞争力较强、社会的秩序和行为规则较严谨，其经济表现通常能够具有较强的韧性、抗风险能力，可以成为经济全球化中的支柱性经济体。当然，其他国家发挥自身的各种资源比较优势，也可以在经济全球化中享有自己的比较利益，形成多边参与格局和遵守共同规则，体现整个经济全球化体系的组织资本基础。这样的经济全球化才是现实的和有序的。

当代的经济全球化正在进入一个重大的历史性转折时期，即半个多世纪以来，主要依赖于美国经济的组织资本来支撑的世界经济体系，正在转向新的结构。其中最突出表现就是中国经济的崛起。中国经济巨大的规模、众多人口和制度特质，使得经济全球化的组织资本结构正在发生百年未有之大变局。中美两国的制度和组织方式都有各自的特点，谁也不可能同化谁，而且，两国均具有强大的组织资本。因此，两者能否共存共融，相互协同，形成经济全球化新的组织资本结构来支撑经济全球化的持续和良好发展，是世界经济未来前途之决定性因素之一。总之，经济全球化必须有负责任的大国，以其组织资本供应来支撑世界经济的顺畅运行。以往承担这一责任的大国基本上是同质性经济体，即美国为"盟主"的发达国家。而当代和未来，必须由非同质性的经济大国来合作承担这样的责任。这无疑是人类发展和全球经济面临的一个巨大挑战。

美国战略界的一些人，提出要把中国作为主要的战略竞争对手，而不是共治全球经济的伙伴，是严重缺乏远见的。随着越来越多的国家加入经济全球化体系，美国仅凭一国之力是无法提供足够的组织资本来满足全球经济的组织需求的。当然，其他国家包括中国，实际上无意也没有经济实力和组织资本实力来完全替代美国的地位和作用。

中国是一个具有强大组织资本的国家，可以为规模巨大的全球经济治理提供组织资本资源。从这次抗击新冠肺炎疫情中就可以看到，中国的组织资本可以为世界提供怎样的秩序支持力。不仅是发展中国家，而且一些发达国家遭受疫情冲击时，都期望借助中国强大的组织动员能力，向它们提供紧急援助。例如，当意大利疫情大暴发时，呼吁所有欧盟国家提供援助，但并未得到回应。可以理解的是，其他国家也必须评估和首先考虑自保能力，况且他们的国家制度也制约了政府承诺国际援助的权力。而中国却能够及时派出医疗专家组并携带抗疫物资，对意大利进行抗疫援助。又如，当全世界都急需抗疫防护物资时，中国可以发挥强有力的组织资本力量，及时调动和迅速扩大制造能力，成倍增加医疗防护产品供应量，援助世界其他国家。这突出表现了在强有力的组织资本支持下，"中国制造"和"中国基建"助力全球抗疫的能力。可见，经济全球化是非常需要中国为其提供组织资本基础的。

总之，经济全球化的历史和现状已表明，美国的组织资本供应已经难以应对经济全球化的组织资本需求。世界各国的国情和文化传统千差万别，要将其组织成为顺畅运行的全球化经济体系，需要有更多的组织资本供应。如果缺乏更多组织资本供应，经济全球化意味着风险失控，秩序混乱。中国经济崛起，无疑是经济全球化向纵深推进的一个巨大的积极力量和组织资本供应来源国，可以为经济全球化夯实组织资本基础作出重大贡献。

七、组织资本的有效使用

组织资本及组织能力，可以视为一种非物质资源（类似于人力资本资源、社会资本资源）。一般而言，组织资本丰厚当然是"好事"，但并非总是如此，就像物质资源一样，组织资本也可能发生"资源诅咒"现象。过度依赖组织资本，不适当地使用组织资本，可能损害经济主体的活跃和创新力，甚至可能发生组织目标选择错误的破坏性影响，例如形式主义、官僚主义、行政控制影响专业能力发挥等，都是其表现。在新冠肺炎疫情初期，信息透明度不够，导致延误应对决策，就是突出事例和教训。也就是说，组织资本作为一种资源和工具，也可能被用于错误的甚至破坏性的活动，就跟物质资源和物质工具一样。众所周知，世界历史上组织资本最恶性化的使用就是法西斯主义国家所导致的第二次世界大战。所以，组织资本的有效使用，是一个特别需要研究的问题。

以劳动价值论为基点的古典政治经济学也曾面临一个类似的理论难题：既然承认劳动创造价值，那是不是说，所有的劳动都能创造价值呢？显然不是的。那么，什么样的劳动创造价值，什么样的劳动不创造价值呢？为解决这一难题，古典政治经济学将劳动区分为生产性劳动和非生产性劳动两类，前者创造价值，后者不创造价值。不过，有些非生产性劳动也许是生产性过程所需要的辅助性劳动，但也有的非生产性劳动可能不仅不创造价值，还会损耗浪费价值，甚至破坏价值创造。所以，并非因为劳动能够创造价值，就认定只要有劳动这种资源，就可以天然地创造出经济价值，而是必须研究什么劳动具有生产性，会创造价值；什么劳动不具生产性，不能创造价值。

当我们观察和研究组织资本时，也可以借鉴关于生产性劳动和非生产性劳动的研究思路，区分组织资本的生产性使用和非生产性使用。进而也可以将组织资本划分为生产性组织资本和非生产性组织资本。现实经济非常复杂，经济系统和生产体系高度分工化和复杂化，合作关系极为发达细密，而且跨越不同经济体，所以关于生产性组织资本和非生产性组织资本的研究，是很复杂的理论问题。本章的讨论，将这一问题简化为：什么样的组织资本或组织资本使用有助于经济运行和经济发展，什么样的组织资本或组织资本使用无助于经济运行和经济发展。

组织资本可以使用于经济活动以至其他社会活动的所有领域。当我们说组织资本具有生产性时，是指可以通过各种组织行为和方式，设计（安排）经济制度、形成行为规则、维护经济秩序、调适经济资源、提高经济效率，更好地达成组织目标。反之，如果无助于经济协调和经济运行的通畅性，甚至反而造成经济关系的僵化，经济运行不通畅，经济效率下降，则可以称之为组织资本的非生产性使用，如此使用的组织资本可以称为非生产性组织资本。

一般来说，生产性组织资本及其使用对经济运行和经济发展是有积极作用的，没有这样的组织资本，经济是无法运行和发展的。非生产性组织资本具有制约性，除了在一些必须由制约性机制来保证经济的健康性的领域和环节，需要由非生产性组织资本来辅助之外，在大多数情况下，非生产性组织资本，特别是其过度使用，都是具有很大的消极作用的，而且往往产生抑制经济活力和阻碍创新的破坏性。我们常说的形式主义和官僚主义现象对经济社会的消极作用就是明证。这同生产性劳动与非生产性劳动对经济的影响具有一定程度的相似性。本章第五节中所论及的"组织冗余"实际上就是非生产性组织资本的消极表现。如果能够减少组织冗余，削弱非生产性组织资本的消极影响，就可以提高组织效率，使经济运行更畅通。40多年来的改革开放，以及当前着力进行的供给侧结构性改革，实际上就是在这一方向上所做的努力。

任何经济体的运行都需要有组织资本的支撑，市场经济体制机制本身就是一个具有自组织能力的经济体系，可以发挥资源配置的决定性作用。但是，现实中的市场经济比理论上的市场经济复杂得多，现实中的市场经济运行和发展对组织资本的依赖远远高于理论上完全自由放任就可以达到一般均衡最优状态的市场经济抽象模型。所以，真实的市场经济中，组织资本的积累、结构优化和有效使用，是一个关键问题，其现实重要性并不低于价格机制在市场经济中所发挥的自发性组织功能。现代市场经济，如果没有组织资本的有效使用，仅靠自由放任的价格机制的调节，是难以有序运行的。

　　当然，组织资本功能如何才能真正有效使用，做到既能维护市场经济的有序性，有助于达成经济体的组织目标，又能避免因其无效使用而妨碍市场经济体系以价格调节为基本手段的自发性调节机制，是政府实施组织政策的根本目的。从总体上说，一方面，如前文所述，中国在传统上，尤其是新中国成立以来，积累了丰厚的组织资本，凡遇风险和困难都可以发挥组织资本的强有力作用而予以化解和克服；另一方面，中国仍处于经济体制改革进程中，如何有效运用组织资本，而且能将组织资本作为具有公共品性质的可再生资源不断地创新生产，以保证市场经济的更通畅、更有效运行，仍然还在探索中。我们的体制机制还不够完善，而且，在百年未有之大变局的时代，还会有许多新挑战、新风险，所以，中国特色社会主义的市场经济还在构建和不断完善的过程之中，如何更有效地使用和再生产中国特有的组织资本资源，将成为经济学研究的一个非常有价值和特别值得重视的研究方向。

新发展格局下的
区域高质量发展

　　中国区域经济战略及政策经历了从以公平效率到协调安全的不同发展阶段的历史变迁，充分反映了国际政治格局和经济形势对中国经济发展战略的重大影响。党的十九大尤其是新冠肺炎疫情暴发之后，国际发展环境使得中国发展战略的安全价值取向越来越突出。构建区域经济发展新格局，就是要以新发展理念贯穿始终，以更高质量、更加协调、更加安全为发展导向，以建设现代化经济体系为目标，协调东中西平衡、统筹南北方发展，促进要素配置合理、流动通畅；以实现"碳达峰"和"碳中和"为核心，建立充分照顾流域上中下游和流域间发展利益的体制机制，打造不同层次的区域增长极。在确保安全稳定的前提下，形成优势互补、功能突出、特色明显、人民共享的区域经济高质量发展新格局。

　　中国幅员辽阔、地形复杂、人口众多，各地自然条件、资源禀赋差异较大，因此，区域统筹发展关系重大。新中国成立以来，开始不断调整生产力布局。党的十八大以来，党中央提出了京津冀协同发展、长江经济带发展、"一带一路"建设、粤港澳大湾区建设、长三角一体化发展、黄河流域生态保护和高质量发展等国家战略，优势互补的高质量区域经济发展布局正在形成。当然，工业化推进的不平衡使得区域经济发展分化态势明显。东部地区已经初步走上高质量发展轨道和现代化道路；相对于南方地区来说，北方地区增长速度有所放缓，尤其是东北地区、西北地区等发展相对滞后。发展动力极化现象日益明显，经济和人口向大城市及城市群集聚的趋势比较突出。一些城市特别是资源枯竭型城市、传统工矿区城市发展活力不足。如何正确看待和解决这些发展中产生的问题，直接关系中国经济的高质量发展和区域协调发展新格局的构建。

一、辩证看待区域发展中的东西失衡与南北差距

任何一个国家的区域政策一般都有两个目标：效率与公平。对于这两个政策目标，不同的国家或者同一个国家在不同时期、不同地区，其政策选择是不一样的，尤其是像中国这样国土幅员辽阔，地形多样，民族众多，自然空间和经济空间具有高度异质性。中国经济发展与其他国家经济发展相比，其区域政策不仅具有上述两个方面的价值取向，客观上还有安全与秩序的价值取向。作为一个具有悠久中央集权传统的大国，中国在治理体系和治理能力更多的是体现在安全稳定与秩序井然的前提下实现国内经济社会的全面发展。到了近现代，由于清朝政府的腐败无能，帝国主义弱肉强食，造成中国积贫积弱，国家独立和民族解放成为头等大事。新中国成立以后，在当时的国内外环境制约下，中国更加侧重于国内发展，在经济政策上则更多地表现在实现区域平衡，体现出更多的国防安全、国家安全、发展机会公平等方面；改革开放以后，当中国下决心融入第二次世界大战以后西方国家建立的世界体系的时候，国防安全压力看似在某种程度上得到了缓解，百万大裁军和军费大幅压缩，以牺牲一定程度上的国防安全来换取难得的发展战略机遇期；先污染后治理，以牺牲可以忍受的生态环境安全为代价换取经济快速发展；采取梯次发展战略，将有限的资源和力量主要集中在发展条件更好的东部沿海地区，让一部分地区先富起来，加快打造区域经济增长极，并力图使增长态势向后发地区延伸。这种非均衡的激励政策表现出区域政策的效率选择取向，这一历史选择取得了巨大成功：不仅集聚资源、

握紧拳头在很短的时间里打造出经济发展高地，而且所形成的溢出效应与扩散态势越来越显现出强大的带动中西部地区及北方地区经济腹地发展的能力。

改革开放取得了举世瞩目的成就，东部沿海地区率先进入现代化。中西部地区尤其是西部地区，在客观发展上相对于东部沿海地区的差距却进一步扩大了。这一时期，欠发达地区尤其是生态保护地区在经济理性与迫切发展的压力下所采取的政策措施可能会造成生态破坏甚至难以修复。恩格斯说，"如果说人靠科学和创造天才征服了自然力，那么自然力也对人进行报复，按他利用自然力的程度使他服从一种真正的专制，而不管社会组织怎样"。因此，无论是黄河还是长江，不管是保护还是发展，都要以整个流域为一个完整的有机生态系统来考察，必须充分考虑上中下游的客观差异，充分照顾各个群体的利益诉求，不能一概而论采取同样的发展模式和政策措施。而长江以北地区，主要是西北地区、华北地区、东北地区当前的发展速度也远落后于南方地区，尤其是"十三五"期间南北差距越来越大，主要体现在整个黄河流域和东北地区在中国特色社会主义市场经济的发展过程中，其产业结构、技术创新、人才集聚、营商环境等方面远不及长江流域及以南地区的珠江流域。因此，客观地看，东西失衡的本质是政策公平问题，即要把中西部地区在生态保护的努力与付出以及牺牲当前发展机会的价值充分地体现出来，把绿水青山及维护的努力与付出都要转化为生产力；而南北差距问题，本质上是经济发展问题，北方地区需要加快建立现代化经济体系来解决发展落后的问题。总体来看，东西失衡与南北差距都是在经济社会发展中出现的较为突出的矛盾，我们仍需要以辩证的思维来看待这些问题，要抓住主要矛盾和矛盾的主要方面；而发展就是解决这些矛盾的关键，发展仍是第一要务。这些问题与矛盾产生于发展过程中，我们仍需要依靠发展来解决这些问题与矛盾，尤其是以高质量发展来解决这些在发展中出现的问题与矛盾。

不平衡是普遍存在的，有的可能还会长期存在。我们要在发展中促进相对平衡，推动发达地区和欠发达地区协调发展，逐步实现共同发展。因此，我们不能简单地要求各地区、各部门在发展上设立同样的目标，并一起达到同等发展水平。一刀切解决不了发展问题，也难以解决发展中出现的矛盾。应该根据各地区、各部门的现实制约条件，合理分工，优化发展，分进合击，最终实现各地区协调发展和共同富裕。《中华人民共和国国民经济和社会发展第十四个五年规划和2035年远景目标纲要》提出的推进区域协调发展是解决区域发展不平衡不协调战略构想的重大举措，是全面建设社会主义现代化国家的重大战略部署，也是将邓小平同志提出的现代化建设"两个大局"战略思想全面落地的行动。以国家力量推动的方式来解决东中西部地区和南北方地区发展的不平衡、不协调、不充分问题，特别是在2020年年底实现在现有标准条件下所有贫困地区脱贫摘帽，这是实现中国区域协调发展和经济社会可持续发展的伟大的第一步，更是实现中国共产党对在中国革命、建设和改革开放等各个时期作出巨大牺牲和突出贡献地区人民群众所作出的政治承诺。进入工业化和经济现代化时期，中国经济的非均衡性在空间上必然表现为区域间巨大的不平衡性。工业化不可能表现为所有地区在同一时期内实现同步发展，加之大国在自然空间和经济空间方面的差异就更加表现为不同地区的发展有先有后，甚至是不同区域之间的发展表现出巨大的速度差和成就差。

改革开放以后经济学界所采用的西方主流经济学微观—宏观分析范式难以客观描述中国现实发展成果及区域发展差异。一方面，由于其范式本身的缺憾，正如保罗·克鲁格曼所说，空间经济学的某些特征使得它从本质上就成为主流经济学家掌握的那种建模技术无法处理的领域；另一方面，中国广阔的地域、丰富的实践，使得西方主流经济学微观—宏观分析范式难以把握中国革命、建设、改革开放等各个时期的现实精髓，与分析范式的很多所谓公理性结论难以吻合，尤其是中国共产党将人民利益、国家安全和社会稳定等诸多非经济因素作为治理的第一价值取向时，其很多研究结论难以与中国发展现实契合而使其分析范式的局限性日益显现。以工业化推动的现代经济发展，从来就是一个域观经济过程，而不是主流经济学假设的微观—宏观抽象研究的经济过程。所以，无论是在理论描述上还是在现实区域战略与制度安排上，都不能将中国的经济发展简单地视为微观—宏观结构的抽象，具体区域政策的制定和执行也必须体现域观经济的特质，即所谓因地制宜、因时制宜。因此，区域协调发展首先必须立足于中国的国情，根据国家安全战略的不同排序，结合不同发展阶段、综合国力等现实情况来确定区域战略和具体政策安排。

当前区域协调发展就是要着重解决区域之间的公平发展问题，缩小地区间的发展差距，创造公平的发展机会，其核心是要逐步解决东西失衡和南北差距问题。实现东西协调、缩小南北差距是中国经济高质量发展的应有之义。以前缩小区域差距的战略与政策更多地着眼于东中西部地区之间的失衡；随着南北发展差距的逐步加大，解决东西部地区、南北方地区的协调发展，更需要努力践行新发展理念，并将其一以贯之，始终坚持创新发展、协调发展、绿色发展、开放发展、共享发展，使之协同发力、形成合力。加快实现新旧动能转换，大力优化产业结构，建设现代化经济体系，推动中西部地区与北方地区更高层次和更高水平的对外开放，发挥欠发达地区在构建新发展格局中的作用。中国区域协调发展战略和政策不仅是解决经济发展过程中的利益分配问题，更是关系到中国经济社会可持续发展和包容性发展的核心问题，也是实现国家总体安全战略的关键所在。

二、从注重区域平衡到全面协调发展的历史脉络

新中国成立之初，工业基础十分薄弱，且地区分布极不平衡，全国70%以上的工业集中在占全国国土面积12%的东部沿海地区，其中，60%以上的工业集中在以上海为中心的长江三角洲、以沈阳为中心的东北地区、以天津为中心的京津唐地区、以青岛为中心的胶济铁路沿线和广州。面对当时复杂的国际形势和国内外重重困难，国家提出优先发展重工业，尽快建立完整的工业体系，走独立自主、自力更生的中国特色社会主义道路。虽然这一决策非常符合当时的国情，但由于受苏联平衡配置生产理论的影响，加上对马克思主义经典著作关于平衡发展论述的理解尚处于探索过程中，这一阶段的工业生产力重新布局大都以实现平衡发展为特征，区域政策主要体现在为备战备荒而将国家投资和重点项目向中西部地区倾斜和布局，出现了工业生产力在"一五"计划时期和三线建设时期两次大规模向中西部地区挺进。1958年，国家设立七大经济协作区，明确提出根据中国幅员广大、资源丰富、人口众多的特

点，在党中央集中统一领导下，按照全面规划，逐步形成若干个比较完整的工业体系的经济区域。1964年5月，毛泽东同志提出加强内地建设；8月，他强调工业过度集中在沿海地区不利于备战，沿海各省份都要搬家，包括工业交通部门、学校、科学院、设计院，加强二三线的工业建设。随后，西部地区的高等教育在20世纪60年代开始迅速发展，西安、成都、兰州、昆明等地的高校为中西部地区发展培育和储备了大量人才并一直延续至今。同时，毛泽东同志又指示将成昆、滇黔、川黔、湘黔等铁路修好。这些铁路建成通车彻底改变了中西部地区基础设施落后的面貌，为其后来的发展奠定了良好基础。由于内地工业化基础不断加强，其工业总产值占全国的比重由1952年的30.6%提高到1978年的39.1%，彻底改变了新中国成立以前工业布局极端不平衡的状况。这一时期的区域政策不仅落实了国家安全战略，而且在发展机会上体现了公平，使得内地和沿海的差距大大缩小。同时，这一时期的生产力布局得到了优化，大量新兴工业城市在中西部地区迅速崛起，与沿海地区老工业城市一起，促进了中国工业体系的建立和区域经济的发展。

改革开放以后，中国为了适应第二次世界大战以后西方国家主导建立的世界经济体系，在经济理论学习和研究方面引入了以微观—宏观分析范式为主的西方主流经济学，将其中的梯度转移理论与中国生产力布局和区域经济发展实践相结合，并对1949—1979年中国的平衡发展经验与教训进行了总结和反思。由于很多投资和重点项目主要集中在中西部地区，客观上使得东部沿海地区投资明显减少，增长也出现明显下滑，上海及华北地区一些老工业基地的潜力并未得到充分发挥。再加上中西部地区的投资效率并不高，使得东西部地区差距在得到一定程度缩小之后反而逐步攀升。因此，过去那种以牺牲效率为代价的平衡发展指导思想和区域政策难以为继。在重新探讨了生产力布局原则之后，中国的经济工作把增长效率放到了第一重要的位置，经济布局和区域发展战略也随之进行了调整，区域发展向非均衡态势转变。在此战略和政策指导下，政策与资源向东部沿海地区倾斜，让一部分人和一部分地区先富起来。"六五""七五"计划时期，中国区域发展取得了巨大成功，而另外一个结果就是东部地区与中西部地区的经济差距不断扩大。"八五"计划开始注重地区之间的公平问题，提出"统筹规划，合理分工，优势互补，协调发展，利益兼顾，共同富裕"的区域经济发展和生产力布局原则，尤其是突出了中西部地区基础产业和基础设施建设。

2000年西部大开发战略全面启动；2003年开始振兴东北地区等老工业基地；2005年中部地区崛起战略实施；2008年东部沿海地区为了应对国际金融危机冲击率先转型升级。至此，西部大开发、东北振兴、中部崛起、东部率先的四大板块战略全面落地实施。各个板块结合自身的优势和特点，扬长补短采取各不相同的区域战略和政策，有力地促进了各地区的经济社会发展。东部沿海地区在创新驱动发展方面表现突出，创新成为率先发展的新引擎，创新能力不断提高。东部沿海地区还将优势与"一带一路"建设充分融合，加快建立全方位开放型经济体系，深度参与国际竞争合作，国际影响力不断增强。"十三五"时期提出新发展理念，深入实施西部大开发战略，大力推动东北地区等老工业基地振兴，促进中部地区崛起，支持东部地区率先发展。大力支持革命老区、民族地区、边疆地区和困难地区加快发展；不断提高对资源枯竭、产业衰退、生态退化等困难地区的支持力度。

2017年，党的十九大召开，把区域协调发展上升为国家战略，目的就是要促进地区间的发展由不平衡到平衡，加快破除地区间的藩篱，平衡不同群体的利益和实现生态补偿机制，最终实现各地区共同富裕。区域协调发展战略不仅强调促进东中西部地区、东北地区经济地带间的协调发展，同时特别注重城市群内部的协同和一体化发展，注重南北方地区统筹协调。2020年，区域协调发展成为"十四五"规划的主基调，强调了四大板块的协调发展，加快老少边等地区的发展，兴边富民，稳固边疆；打造创新平台和新增长极，推动黄河流域、长江经济带高质量发展；坚持陆海统筹，健全区域战略统筹、市场一体化发展、区域合作互助、区际利益补偿等机制，逐步实现基本公共服务均等化。"十四五"规划把促进东中西部地区更加平衡和南北方地区共同发展、促进发达地区和欠发达地区协调发展等问题提升到了新的高度。东中西部地区特别是中西部欠发达地区能否与发达地区协调发展，南北差距能否缩小，直接决定了中国经济社会的发展质量、总体水平和发展前景。

三、以建立现代化产业体系为抓手缩小南北差距

我们常说的中国南北方地理分界线是秦岭—淮河一线，以北属于北方地区，以南属于南方地区。从经济发展角度上，可以将黄河流域一线及其以北地区视为北方地区，主要包括西北地区、华北地区和东北地区，而长江流域一线及其以南地区属于南方地区。新中国成立以后，北方地区尤其是东北地区在全国的经济社会发展中独树一帜，拥有当时亚洲闻名的工业基地和工业城市，为新中国的建设立下了汗马功劳。在加强国防安全的三线建设时期迅速发展起来的黄河流域及西北地区的工业

城市和工业基地，不仅解决了中西部地区工业从无到有的问题，并实现了快速发展，形成了较为平衡的生产力布局，也与东北老工业基地一起，为实现国家安全战略和经济社会发展作出了突出贡献。当时的综合国力与发达国家相比较为薄弱，在考虑国防安全和国家安全第一的前提下，将本已有限的资源和捉襟见肘的财力较为分散地在全国进行布局，尤其是布局在中西部地区，在当时来看既正确又略显无奈，但客观上为建立完整的工业体系和改革开放以后制造业迅速发展打下了坚实基础。

改革开放以后，在非均衡化战略和梯次开发理论的指导下，区位较好、条件较为突出的南方地区尤其是东部沿海地区得到了迅速发展，而东北老工业基地、西北地区和华北地区的黄河流域工业基地城市逐渐衰落，目前正处于艰难的转型升级之中。其原因是多方面的，除国家层面非均衡性的激励政策外，西北地区、华北地区和东北地区有一个共性就是当年更多的是承接国家的指令与计划，加上这些地区煤炭、矿石等资源丰富，具有比较典型的生产靠国家、资源靠采掘的特点；内蒙古和东北地区还有集中连片的牧场、森林和良田，生活上靠大自然恩赐的特点十分明显；而对于南方地区来说，历史上很早就开始了定居的农耕生活，手工业一直较为发达，市场交换更多地体现在当时经济发展和社会生活当中；加上历史上几次因北方地区战乱而人口和生产力向南方地区迁移，"聚而为市，筑而为城"，南方地区的经济社会发展逐步处于全国领先地位，因此南方地区也一直是历朝历代的"钱袋子"和"粮袋子"。这种传统和北方地区的一样都延续至今，深刻地影响着各自的价值取向和发展方式。

2008年国际金融危机之后，南方沿海地区眼光向外，瞄准发达国家科技创新带来的发展红利，吸取外延式发展的深刻教训，加快推动产业转型升级，目前创新发展已经取得初步成效，因而在"十三五"期间的发展速度相对于转型升级的北方地区而言就显得非常迅速。对于进入新时代走上高质量发展之路、实现区域协调发展和缩小南北差距而言，北方地区要着力于建立与完善创新引领、协同发展的现代化产业体系，实现实体经济、科技创新、现代金融、人力资源等融合发展。让创新成为引领发展的动力，大力促进科技创新与实体经济紧密结合，尤其是在积极推进数字经济发展的过程中，加快推进数字经济与实体经济融合发展，让科技创新和数字经济的比重与贡献率不断提高；进一步提高产业链抗风险的强度，加大数字经济对实现产业链补链、扩链、强链和承接国际创新链转移的作用力度；在严防系统性金融风险的同时，不断增强现代金融和科技金融服务实体经济的能力，推动大数据和金融创新对实体经济发展的支持力度，尤其是对中小微企业的支持；真正改善和优化营商环境，提高对创新人才的吸引力，不断突出人力资源在支撑实体经济发展中的重要作用。

虽然东北乡村振兴战略早已在国家层面确立，国家也给予了东北地区巨大的政策与资金支持，但实施效果未达到预期目标。尽快推动东北振兴取得新突破成为实现中国区域协调发展中解决南北差距这个主要矛盾的主要方面。东北地区是中国重要的工业和农业基地，对维护国家国防安全、粮食安全、生态安全、能源安全、产业安全的战略地位十分重要，直接关乎国家的发展大局。当前，东北振兴要实现突破、实现全面振兴和全方位振兴需要进一步全面深化改革，尤其是要切实推动体制机制改革，做实改革举措，释放改革活力，提高改革效能，有效破除阻碍东北地区发展的体制机制障碍，为新时代东北振兴提供更坚实的保障。东北振兴需要进一步解放思想，坚持实事求是，敢闯敢干敢拼，这样才能促进东北地区的发展找到新思路，实现新突破，展现新作为。充分利用东北地区在亚洲的地理位置和国内的区位优势，在构建新发展格局中勇于探路，力争在国内和国际竞争规则衔接的基础上探索建立现代化产业体系。充分挖掘和利用东北老工业基地的优势，努力在实现产业链现代化方面取得新突破；促进数字化硬件设施的高端化发展，加快形成产业链数字化基础设施供给与需求的更高水平动态平衡；提高数字化软件服务的质量，着力畅通产业链的循环协作，确保产业链的安全稳定和自主可控；在构建数字化软件服务领域全方位开放体系方面敢闯敢试，实现产业链的补链、扩链、强链并承接国际创新链转移。在东北振兴的突破实践中更好地处理政府与市场的关系，切实做到使市场在资源配置中起决定性作用和更好发挥政府作用。采取有针对性的改革举措，进一步优化营商环境、降低营商成本，为更多企业创新发展创造有利条件，使优势产业更好地发挥作用，在锻长板的同时加快补齐短板。积极突破"卡脖子"等关键核心技术，改进科技项目组织管理方式，加大对现有科技人才队伍的激励与挖潜，大力推广"揭榜挂帅"制度。进一步加大产权保护力度，提高对东北地区关键核心技术、高新技术、共性基础技术的保护力度。大力支持企业、产业技术联盟建设服务平台，加快发展研究开发、技术转移、科技咨询等服务。加强对各类企业法人财产权的保护，依法保护企业家的创新收益。进一步加大对科技型中小微企业的支持力度。鼓励有条件的民营企业设立院士专家工作站，加强科研基地建设。放宽民营企业的准入领域和采购范围，支持民营企业牵头承担国家科技项目，组建产业与技术创新联盟。加大金融支持东北地区实体经济转型升级的力度，选择沈阳、长春、哈尔滨、大连等城市做好现代金融和科技金融的试点。大胆尝试、稳步推进东北地区混合所有制改革，在实践中检验改革方案的有效性和可行性。积极创新人才供给机制，用好东北地区雄厚的教育资源和人力资源。

另外，解决好黄河流域的产业转型升级、营商环境、人才集聚、科技创新等问题，建立黄河流域的现代化产业体系，对于加快缩小南北差距同样重要。而作为整个国家战略屏障和战略纵深的西北地区和西南地区，其发展就不仅仅是建立现代化产业体系的问题，也不仅仅是缩小南北差距和协调东中西部地区发展的问题，而是统筹于国家层面的全局性战略安排，对于"一带一路"倡议向西和向西南方向的实施与发展、对于中部地区和东部地区的高质量发展、对于中华民族伟大复兴都有深远意义。

四、以双碳目标为核心确立统筹机制实现东西协调发展

中国地形复杂，总体上呈现西高东低的走向。因此，大江大河基本上也是发源于西部地区，而在东部地区或者南方地区汇入大海，最著名的就是西部地区的三江源地区了。如何在保护大江大河上游地区尤其是源头地区生态环境的同时，兼顾上游地区人民群众对美好生活的追求和经济社会发展，以及统筹考虑与中游地区和下游地区之间的协调发展、协同发展是一个重要问题。从共同发展的愿望出发，我们希望各地区发展水平尽可能接近，但受要素禀赋差异影响，各地区发展水平的差距是难以完全消除的。特别是在受自然条件影响、生存成本和发展成本很高

的地区或在维护国家生态环境安全上负有重要使命的地区（如大江大河的源头地区等），如果难以通过扩大经济总量缩小发展差距，就要考虑向区外移民的路径，使实际人口密度与地区人口承载力趋近。这种经济发展和生态保护的难题一直是世界各国面临的重大问题。在党的十八大报告中，生态文明建设成为中国特色社会主义事业"五位一体"总体布局的重要组成部分。2015年9月，《关于加快推进生态文明建设的意见》提出坚持绿水青山就是金山银山。2017年10月，党的十九大报告提出必须树立和践行绿水青山就是金山银山的理念；建设生态文明是中华民族永续发展的千年大计，是构成新时代坚持和发展中国特色社会主义的基本方略之一。在党的十九大将"增强绿水青山就是金山银山的意识"写进了新修订的《中国共产党章程》。2018年3月，生态文明建设写入《中华人民共和国宪法》。这不仅是新时代中国生态文明建设的指导思想，也是中国各地区在流域内部和流域之间进行"碳中和"交易、完成减碳目标与实现协同发展的指导原则。

正确认识和处理好发展与保护的辩证关系，不仅是当前中国国民经济转型与发展的迫切任务，也关系到中国的繁荣昌盛与永续发展。很多问题不是我们认识不到，而是受所处阶段、所用技术和经济基础等客观条件的制约。就西方工业革命以来的发展情况来看，先污染后治理也是情非得已。在人类的生存和发展的历史进程中，人类与环境的关系通过供给、生产、交换和消费等活动表现了出来。人类从诞生之日起就从周围的环境中获取生存与发展资料，包括各种各样的生活资料和生产资料。人类在不断利用自然和改造自然的过程中，对环境产生了巨大影响，这种影响既有积极的一面，也有消极的一面，而环境又反过来作用于人类，如此循环往复。当前世界上出现的生态危机主要是人类没有很好地把握这一对立统一的矛盾。工业革命以来，西方发达国家消耗约占同期全球消费总量80%的能源与资源而先后完成了工业化。工业文明在给人类带来丰富物质条件与精神享受的同时，也导致了资源枯竭、环境破坏、大气污染、土地荒漠化、地下水系破坏、气候变暖等问题。而中国用了70多年，完成了西方200多年走过的工业化道路。在这种快速的压缩式的工业化过程中，资源环境越来越难以支撑中国的高质量发展，发展理念和发展方式的转变成为必然。发展经济与生态保护既对立又统一，只要按照客观规律办事，在一定条件下可以使其互相转化实现统一。处理好发展与保护的关系，认真解决中国经济社会发展过程中的环境污染、生态平衡等问题，是加快新旧动能转换和实现高质量发展的前提与基础。

从生态保护的角度来看，大江大河的上游多以提高水源涵养能力为主，中游突出抓好水土保持和污染治理，下游注重保护河流生态系统和提高生物多样性。同时，沿河沿江地区还要实现经济社会的发展。协调保护与发展成为一件既要尊重自然规律又要讲究社会效益的实践艺术。流域生态补偿机制是协调上中下游保护与发展的主要手段之一，目前中国在流域生态补偿机制的实践上已经初步取得了可观的生态效益、良好的经济效率和巨大的社会效应。作为一个闭合的整体系统，未来流域内生态补偿的前提与关键就是要充分照顾上中下游有关利益主体的利益，确定各方都能接受的补偿额度，调动相关地方政府的积极性及协作性，建立充分反映不同流域实际生态价值、代际补偿、资源稀缺程度的有偿使用生态补偿机制，使为流域生态作出不同贡献的地区共享发展机遇和发展成果。这是一个实现大江大河上中下游联动、统筹东中西部地区发展的有力的制度安排。

另一个有效统筹流域及不同地区之间协作的新政策是"双碳"，其中"碳中和"是指生产和生活等过程中所释放的和吸收的二氧化碳相当，这样大气中总的二氧化碳含量就不会增加。作为一个以煤为主要资源优势的发展中大国，煤炭在中国的能源结构中比重偏大，第二产业特别是高耗能产业结构偏重、综合能源效率偏低等现状仍未得到根本改变。世界上许多国家认为碳排放是气候变暖的主要原因，近年来，越来越多的国家提出"碳中和"目标，并积极开展碳排放交易。中国已经明确在2030年前力争实现二氧化碳排放达到峰值，并努力争取2060年前实现"碳中和"。中国在气候雄心峰会上宣布，森林蓄积量将比2005年增加60亿立方米，风电、太阳能发电总装机容量将达到12亿千瓦以上。这不仅是大国责任的体现，也是落实新发展理念，加大生态保护力度，实现中国创新发展、协调发展、绿色发展、开放发展、共享发展的必然结果，更是流域内部和流域之间实现碳排放交易的指导原则，并最终实现从减碳到零碳排放。因此，"碳中和"对于中国来说，既是新时代的新发展机遇，又是实现高质量发展的挑战，其政策约束是刚性的，实际执行也会付出很大代价。

中国能源消费结构中煤炭占57%左右，其作为中国能源的兜底地位和保障作用还将会存在较长时期。简单地说，这个"煤袋子"必须牢牢地抓在自己的手上，能源才是安全的。中国煤炭资源"西多东少、北多南少"的特点及与经济社会发展呈逆向的分布特征，在历史上形成了著名的"西煤东运、北煤南调"格局。随着东北地区、西南地区等老煤矿区资源的渐趋枯竭，山西、陕西、内蒙古等中西部地区煤炭产量比重不断提高。同时，中西部地区很多煤炭转化项目产品为化工原料，仍需运到东部地区加工成制成品再转运回来以供当地产业发展需要，如汽车和飞机零部件等。数字经济为东中西部地区产业联动提供了巨大的基础条件，关键是要做好让各参与方通过这种跨地区经济技术协作实现要素聚合、优势互补、合作共赢。因此，推动产业集群化发展要紧密结合中西部地区的航空航天、汽车等制造业实际发展情况，突破煤炭产业边界，构建上下游产业集群发展模式，实现以煤炭资源上下游产业链聚合，打造相互连接的产业体系，推动形成区域经济各要素优势得到最大限度发挥的产业集群，构建煤炭全产业链、全要素协同发展新格局。

当然，减少碳排放，本质上还是需要依靠科技进步和创新发展。随着风电、光伏等发电成本的下降，其市场竞争力也在不断提高，要进一步推动风光电建设，充分发挥西北地区、华北地区等黄河中上游地区的干旱少雨风大、长江流域的风多雨急、华南地区及东南沿海地区的暴风骤雨等特点，促进风光电的大中小、分散与集中、内陆与海上开发相结合，加大东中西部地区协同与南北方地区统筹发展，建立保障性的风光电消纳市场需求，扩大风光电输送和消纳区域，提高风光电利用率。鼓励资源使用企业充分利用荒山、沙漠地区植树造林，增加森林碳汇规模。建立健全碳交易市场化机制，确定各方都能接受的碳排放配额和交易规则，构建合理有效、合作竞争、共享共赢、东西联动、南北统筹的碳排放权交易制度，形成区域协同、能源互补、空间均衡的零碳经济新格局，为力争按期完成"碳达峰"与"碳中和"提供体制机制保障。

五、以构建新发展格局为导向打造区域增长极

由威廉·配第提出的增长极概念经弗朗西斯·佩鲁在20世纪50年代发展成为大家所熟知的增长极理论，主要是指产业集聚在某一空间并给该空间及其周边地区的经济增长带来影响的现象。根据弗朗西斯·佩鲁的增长极理论，沿海港口、主要城市、交通要道、资源富集地等具有优势条件的地区首先出现经济增长，这些就是经济空间的中心，即增长极。增长极通过极化效应、扩散效应等不同渠道向外扩散，带动地区整体经济发展。

发达国家不仅在其欠发达地区实施增长极计划，而且在发达地区也实施增长极计划，如美国的硅谷。硅谷是世界上最大的微电子产业基地，其成功既得益于以创新实用为导向的大学文化，也得益于联邦政府和州政府的推动。除一般性的法律规制和面向中小企业的支持外，政府的特殊作用集中体现在政府采购、支持研发和制定明确的产业发展计划。联邦政府通过军事订单扶持硅谷的发展。在硅谷发展的初期，其订单有四分之一来自政府；20世纪50年代，联邦政府的军事订单达到硅谷产品销售额的40％；20世纪60年代，在集成电路开始发展的时期，美国政府购买集成电路产品的数量一直占硅谷企业全部产量的37％~44％。联邦政府在加利福尼亚州设置了70多家联邦实验室和研究发展中心，直接提供的资金占加利福尼亚州研究资金的60％。在加利福尼亚州政府层面有明确的科技政策和扶持微电子产业发展的计划，对州立大学在有关微电子业以及其他相关领域的研究活动提供公共资金。印度班加罗尔的成功在很大程度上也得益于印度积极发展软件产业的政

策。1986年，印度政府提出把软件作为战略性产业来发展，在班加罗尔建立软件技术园。为促进软件产业的发展，印度政府还鼓励外国企业持有软件企业75%~100%的股份并给予税收优惠。这些优惠的投资政策促使许多外国公司将印度作为设计、生产软件和其他高技术产品的生产基地，然后将产品出口到世界其他地区。美国微软公司就在印度的海得拉巴建立了软件研究和开发基地，这是微软在海外兴建的仅次于以色列的第二大软件发展基地。日本在促进北海道发展时也曾使用过相应的产业发展政策。

二十世纪七八十年代，人们发现有些国家的增长极战略实施效果比较好，而有些国家的增长极战略实施效果并不尽如人意。巴西通过迁都巴西利亚，有效地带动了巴西中部地区的发展；日本北海道地区的开发也比较成功。但也有没有达到预期目标的情况，如意大利对南部重点地区的扶持；法国在二十世纪六七十年代为分散巴黎的功能，在巴黎周边地区规划的反磁力中心等。从20世纪80年代开始，许多国家不再全面采用增长极战略，而采取针对具体问题在重点地区实施扶持增长极发展的策略。世界各国采取增长极战略主要是为了解决发展问题，包括支持经济增长停滞地区的发展、促进经济活动的分散化、改善国家的城市体系等。二十世纪五六十年代，发达国家部分区域面临着较多的发展问题。早期的制造业中心由于交通区位的变化出现了衰落，原来的矿业城市或区域由于资源枯竭而缺乏发展后劲，最典型的就是美国的"锈带"地区。

从国际上的实践来看，增长极的另一个大的应用就是促进活动分散。为构造一个良好的空间经济结构，增长极被用来建立大都市的反磁力中心，如卫星城，也就是通过建设一个"规划的"增长极，使其具有一定的人口、经济、基础设施等方面的规模，从而可以达到分散大都市的人口和经济活动的目的。在20世纪六七十年代，大城市发展得比较快，但中等规模的城市发展得比较慢，大量的人口从农村和中小城市流向大城市，既给大城市带来了较大的压力，也在一定程度上削弱了农村和中小城市的发展动力。政府通过规划和其他政策的引导，人口、基础设施和经济活动集中到有一定规模的增长极中，形成中等规模的城市，有助于解决上述问题。从增长极的发展历史与经验可以看出，政府积极有为是增长极形成与发展的主要动力，而且政府还要在这一历史进程中保证所有参与的市场主体的有序竞争。而做到有序竞争，首先要保证微观领域要素流动的畅通、微观利益主体（企业）之间合作竞争而非恶性冲突，其关键在于在发挥市场决定性作用的同时，有为政府通过产业政策或者区域政策来引导与规范。因此，不仅要充分调动并积极引导地方和企业参与增长极的形成与发展，还要规范地方政府执行区域规划与区域政策的行为。在中国建设和发展的各个时期尤其是改革开放的历史进程中，地方政府承担的角色和发挥的作用是无可比拟的，也是无法替代的。在市场对资源配置起决定性作用的基础上，研究中国在不同领域更好发挥政府作用的丰富实践，准确把握政府在推动中国经济发展中的域观特质，才能解开中国经济增长的奇迹之谜，解释不同区域之间的经济发展差异性，为解决新时代发展不平衡不充分的主要矛盾铺设学理之路。

新冠肺炎疫情给各个国家的发展都带来了深刻的变化。在世界经济格局中，中国经济所形成的秩序体系，不仅增强了自己的国际竞争力，而且还提升了其全球影响力和吸引力。作为有中央集权历史又实施中国特色社会主义制度的大国，秩序、稳定与安全一直是中国政策取向最突出的特点。新冠肺炎疫情之后，中国将打造最安全和最畅通的经济秩序，以适应世界经济发展的新要求。中国不仅具有观念上的政策目标安全取向，而且有条件成为最安全的国家。高水平的安全环境可以为经济运行和发展提供最基础性的条件，让经济运行更畅通，使内在活力得以充分释放，从而实现更合意的经济增长和经济发展。2020年5月，国家提出要构建以国内大循环为主体、国内国际双循环相互促进的新发展格局。双循环新发展格局是经济发展的客观趋势，体现了战略价值取向的变化，也是规则博弈纵深化的表现。其实，国内国际双循环的发展态势是大国经济发展的一个事实。改革开放以前，中国的发展模式比较封闭，基本上是内循环体系，进出口比重很低，国际资本很少。改革开放以后，特别是2001年中国加入世界贸易组织（WTO）之后，开始发展国际大循环，开拓国际市场，引进外资和技术，进出口增长率超过了GDP的增长率，进出口占GDP的比重不断提高。2006年，出口占GDP的比重和进出口贸易占GDP的比重都达到较高水平，国内国际双循环的态势在2006年前后已经开始出现。

现在世界上绝大多数国家都走上了市场经济的发展道路，经济发展比较快的国家也都实行较自由的市场经济。按照西方主流经济学的思维范式，市场经济以工具理性为主导，具有增长的无限性。世界各国由市场经济主导，无限地追求交换价值，其逻辑结果和现实表现就必然是市场经济具有扩展至全球的内在冲动。那么，所有实行市场经济的国家必然要在国内和国际两个市场中发展，追求无止境的经济增长。国内国际双循环既然是一个趋势性事实，那重点就应该在新发展格局上。经济学最关心的是效率，市场经济的特点就是可以提高效率。另一个关切点是公平。因为市场经济有其局限性，往往不能令人满意地解决公平问题。当然，还有一些其他的因素，比如不确定性、风险性等，但对这些问题的关注也大多归结到效率。

当强调新发展格局时，实际上体现了战略关切取向的变化。这是市场经济底层逻辑的假定，即没有安全就没有市场经济。这虽然不是西方主流经济学研究的主要问题，但新冠肺炎疫情暴发以来，安全问题的重要性瞬间凸显甚至超过了效率与公平。在这种特殊情况下，宁可牺牲效率与公平，也要保证安全甚至是不惜一切代价。因此，安全成为经济思维和战略取向中一个特别重要的影响因素。纷繁复杂的国际环境使我们看到，国内的规则空间有效性和安全性可能比国际的规则空间更可控和更好一些。所以，以国内大循环为主体可以保证更大程度的安全。这也是各个国家都会考虑把国家经济命脉的重要环节控制在自己手上。这是考虑到产业供求关系的安全性，希望能够在国内构建更加安全和更加畅通的经济循环体系。当然，这并不是否认国际循环。相反，当今世界，没有哪一个国家认为所有的环节都有必要完全掌控在自己手中才是安全可靠的。文化是多样的，世界是多元的，世界经济也是非匀质的，各国经济更是非同构的。随着中国的崛起，导致曾经由英国和美国主导的发展逻辑已经不再适用，已经西方化很多年的全球规则必须面对不同国家，面对适应新的规则要求以及规则空间的衔接问题，这才是新发展格局。因此，各国之间尤其是中国和美国既要承认制度规则的域观特性，又要实现不同规则体系的有效衔接。这是顺应世界经济发展潮流的客观要求，也是构建新发展格局过程中的艰难历程。

当前，中国区域经济增长进入了以城市群为主导的区域经济增长格局。因此，要积极引导各地城市空间布局，特别是要注意城市与城市群产业合理布局与升级，保证产业链、供应链的安全稳定，积极促进低端要素向周边地区或其他地区转移，加快吸引高端要素集聚；强化优势产业部门，通过不断向外输出来拓展市场容量；构建合理有序的增长极，实现区域经济的协调发展。通过实行多中心网络开发战略，加快在东中西部地区和东北地区培育一批支撑全国经济高质量发展的、具有新发展动能的增长极、增长带与增长轴，推动形成全国经济一体化和区域协调发展的新格局。建设不同层级的增长极，一方面，积极发挥原有城市群的增长极作用，按照市场规律与机制对各级、各类城市群增长极进行整合建设，形成整体结构合理、聚集功能与带动功能良好的国家增长极体系；另一方面，通过增长极之间的彼此关联协调，加快形成点、线、面、网的发展格局，发挥先进生产力在行业与空间上的聚集—扩散—带动作用，在构建新发展格局的导向下，统筹协调全国各级、各类区域，实现安全稳定、优势互补的高质量发展。

参考文献

1.[美]彼得·盖伊.启蒙时代（下）：自由的科学［M］. 王皖强，译. 上海：上海人民出版社，2016.

2.[英]大卫·哈维.资本社会的17 个矛盾［M］. 许瑞宋，译. 北京：中信出版集团，2016.

3.金碚.马克思劳动价值论的现实意义及理论启示［J］. 中国工业经济，2016，（6）：5-13.

4.金碚.基于价值论与供求论范式的供给侧结构性改革研析［J］. 中国工业经济，2017，(4）：5-16.

5.金碚.论经济发展的本真复兴［J］. 城市与环境研究，2017，（3）：3-15.

6.金碚.本真价值理性时代的区域经济学使命［J］. 区域经济评论，2018，（1）：29-35.

7.[美]理查德·泰勒."错误"的行为［M］. 王晋，译. 北京：中信出版社，2016.

8.[英]马歇尔.经济学原理［M］. 朱志泰，译. 北京：商务印书馆，1983.

9.[英]亚当·斯密.国民财富的性质和原因的研究［M］. 郭大力，王亚楠，译. 北京：商务印书馆，1983.

10.[奥地利]约瑟夫·熊彼特.经济发展理论——对利润、资本、信贷、利息和经济周期的考察［M］．何畏，易家详，等，译.北京：商务印书馆，1991.

11.习近平.《决胜全面建成小康社会　夺取新时代中国特色社会主义伟大胜利——在中国共产党第十九次全国代表大会上的报告（2017年10月18日）》.

12.三中全会以来重要文献选编（下）［M］．北京：人民出版社，1982.

13.金碚.关于"高质量发展"的经济学研究［J］．中国工业经济，2018（4）.

14.马克思恩格斯全集第30卷［M］．北京：人民出版社，1995.

15.《马克思恩格斯全集》第46卷（上）［M］．北京：人民出版社，1979年.

16.《马克思恩格斯全集》第46卷（下）［M］．北京：人民出版社，1980年.

17.《资本论》第3卷［M］．北京：人民出版社，2004.

18.《马克思恩格斯选集》第1卷［M］．北京：人民出版社，2012.

19.《资本论》第1卷［M］．北京：人民出版社，2004.

20.《资本论》法文版［M］．北京：中国社会科学出版社，1983.

21.金碚.论经济发展的本真复兴［J］．《城市与环境研究》2017.

22.金碚.本真价值理性时代的区域经济学使命［J］．区域经济评论，2018，（1）.

23.欧文·费雪.资本和收入的性质[M].北京：商务印书馆，2017.

24.《马克思恩格斯全集》第47卷［M］．北京：人民出版社，1979.

25.亚当·斯密.道德情操论［M］．北京：商务印书馆，1997.

26.金碚.科学把握供给侧结构性改革的深刻内涵［N］.人民日报，2016 — 03 — 07.

27.金碚.改革红利与经济便利性［J］．中国经济学人(中英文版)，2015，(2) .

28.金碚.深化改革基于市场经济共识［J］．社会科学战线，2014，(11) .

29.［英］凯恩斯.就业、利息与货币通论［M］．经济管理出版社，2012.

30.［美］艾里希·弗洛姆.健全的社会［M］．上海译文出版社，2011.

31.［美］罗伯特·L. 海尔布罗纳，威廉·米尔博格.经济社会的起源［M］．上海：格致出版社、上海三联出版社、上海人民出版社，2012.

32.李扬，张晓晶.论新常态［M］．北京:人民出版社，2015.

33.［英］尼尔·弗格森.货币崛起——金融如何影响世界历史［M］．北京:中信出版社，2009.

34.［美］乔治·阿克洛夫，罗伯特·席勒.钓愚:操纵与欺骗的经济学［M］．北京:中信出版社，2016.

35.［法］让·巴蒂斯特·萨伊.政治经济学概论［M］．北京:华夏出版社，2014.

36.沈坤荣.供给侧结构性改革是经济治理思路的重大调整［J］. 南京社会科学，2016，（2）．

37.［美］伊斯雷尔·阿兹纳.市场过程的含义［M］. 北京：中国社会科学出版社，2012.

38.金碚.论经济全球化3.0时代——兼论"一带一路"的互通观念［J］. 中国工业经济，2016，（1）．

39.弗兰克·H.奈特.经济学的真理［M］. 杭州：浙江大学出版社，2016.

40.约瑟夫· E.斯蒂格利茨.不平等的代价［M］. 张子源，译.北京：机械工业出版社，2013.

41.金碚.试论经济学的域观范式——兼议经济学中国学派研究［J］. 管理世界，2019，（2）．

42.金碚.经济学：睁开眼睛，把脉现实——敬答黄有光教授［J］. 管理世界，2019，（5）．

43.劳尔·雷加诺.政策分析框架——融合文本与语境［M］. 北京：清华大学出版社，2017.

44.孙祁祥，周新发.为不确定性风险事件提供确定性的体制保障——基于中国两次公共卫生大危机的思考［J］. 东南学术，2020，（3）．

45.金碚.论经济的组织资本及组织政策——兼议新冠肺炎疫情的启示［J］. 中国工业经济，2020，（4）．

46.贾雷德·戴蒙德.剧变［M］. 北京：中信出版集团股份有限公司，2020.

47.金碚.论区域经济的视域与关切——新冠肺炎疫情的启示［J］.区域经济评论，2020，（2）.

48.乔根·兰德斯.2052：未来四十年的中国与世界［M］. 南京：译林出版社，2013.

49.金碚.思想流动、域观常态与治理体系现代化［J］. 北京工业大学学报（社会科学版），2020，（1）.

50.弗朗西斯·福山.大分裂：人类本性与社会秩序的重建［M］.北京：中国社会科学出版社，2002.

51.金碚.域观范式视角下的企业及其竞争力［J］. 经济纵横，2019，（9）.

52.托马斯·库恩.科学革命的结构（第四版）［M］. 北京：北京大学出版社，2012.

53.伊恩·莫里斯.文明的度量：社会发展如何决定国家命运［M］. 北京：中信出版社，2014.

54.金碚.中国经济70年发展的新观察［J］. 社会科学战线，2019，（6）.

55.金碚.试论经济学的域观范式——兼议经济学中国学派研究［J］. 管理世界，2019，（2）.

56.肯尼斯·阿罗.组织的极限［M］. 北京：华夏出版社，2014.

57.狄雍、谢泼德.产业组织理论先驱——竞争与垄断理论形成和发展的轨迹［M］. 北京：经济科学出版社，2010.

58.王俊豪.产业经济学［M］. 北京：高等教育出版社，2008.

59.金碚.现代经济学大典（产业经济学分册）［M］. 北京：经济

科学出版社，2016.

60.尼尔·弗格森.帝国［M］．北京：中信出版社，2012.

61.尼尔·弗格森.巨人［M］．北京：中信出版社，2013.

62.亚当·斯密.道德情操论［M］．北京：商务印书馆，1997.

63.威廉·G.谢泼德，乔安娜·M.谢泼德.产业组织经济学（第五版）［M］．北京：中国人民大学出版社，2007.

64.保罗·米尔格罗姆，约翰·罗伯茨.经济学、组织与管理［M］．北京：经济科学出版社，2004.

65.埃莉诺·奥斯特罗姆.公共资源的未来：超越市场失灵和政府管制［M］．北京：中国人民大学出版社，2016.

66.尼尔·弗格森.文明［M］．北京：中信出版社，2012.

67.金碚.论经济主体行为的经济学范式承诺——新冠疫情引发的思考［J］．学习与探索，2020，（2）.

68.金碚.继往开来的西部大开发——中国经济发展的旷世之举［J］.区域经济评论，2020，（5）.

69.习近平.推动形成优势互补高质量发展的区域经济布局［J］.求是，2019，（24）.

70.魏后凯.现代区域经济学（修订版）［M］.北京：经济管理出版社，2011.

71.陈晓东.从域观经济学范式认识中国奇迹［J］.中国社会科学评价，2021，（1）.

72.陈晓东，杨晓霞.数字经济可以实现产业链的最优强度吗？——基于1987—2017年中国投入产出表面板数据［J］.南京社会科学，

2021，（2）.

73.陈晓东.深化东北老工业基地体制机制改革的六大着力点［J］.经济纵横，2018，（5）.

74.陈栋生.区域协调发展的理论与实践［J］.嘉兴学院学报，2005，（1）.

75.刘云中.发展区域经济增长极的国际经验［J］.发展研究，2011（7）.

76.张可云.区域协调发展新机制的内容与创新方向［J］.区域经济评论，2019，（1）.

77.金碚.构建双循环新发展格局开启中国经济新征程［J］.区域经济评论，2021，（1）.

78.金碚.关于"高质量发展"的经济学研究［J］.中国工业经济，2018，（4）.

79.中共中央文献研究室.建国以来重要文献选编（第11册）[M].北京：中央文献出版社，2011.

80.中共中央文献研究室.建国以来重要文献选编（第20册）[M].北京：中央文献出版社，2011.

后　记

　　党的二十大报告指出，高质量发展是全面建设社会主义现代化国家的首要任务。目前学术界正在兴起深入学习并系统研究党的二十大报告和习近平总书记有关重要论述的热潮，以高质量发展为主题的智力成果如雨后春笋般面世。中国社会科学院学部委员金碚研究员长期从事中国经济研究，近年来尤其对高质量发展问题倾注了大量心力，他立足中国经济发展实践，深入阐述重大战略背后的思想逻辑，对高质量发展问题作出了富有创造性的有益思考。安徽人民出版社总编辑何军民先生独具慧眼，最先提出将金先生有关高质量发展成果辑集出版。蒙金先生厚爱，嘱吾亦可把相关成果纳入其中，学生怀着敬仰之心择一高质量发展主题之文锦上添花。感谢何军民先生，感谢责编黄牧远以及出版社其他相关人员的辛勤工作。

陈晓东
2023年1月21日